Meyer | Frank Zappa. 100 Seiten

✳ Reclam 100 Seiten ✳

INGO MEYER, geb. 1968, lehrt als Privatdozent für Neuere deutsche Literatur und Allgemeine Literaturwissenschaft an der Universität Bielefeld. Mit Frank Zappa beschäftigt er sich seit seiner Jugend.

Ingo Meyer

in Zusammenarbeit mit Wolfgang Cremer

Frank Zappa. 100 Seiten

RECLAM

2018 Philipp Reclam jun. GmbH & Co. KG,
Siemensstraße 32, 71254 Ditzingen
Umschlaggestaltung: zero-media.net
Umschlagabbildung: FinePic®
Infografik (S. 20 f.): Infographics Group GmbH
Bildnachweis: S. 10 Pictorial Press Ltd / Alamy Stock Foto;
S. 23 Victor Watts / Alamy Stock Foto; S. 29 CTK / Alamy Stock Foto;
S. 33 Granger Historical Picture Archive / Alamy Stock Foto;
S. 62 Keystone Pictures USA / Alamy Stock Foto; S. 83 Glasshouse
Images / Alamy Stock Foto; Autorenfoto: Alexandra Sonntag
Umschlagmaterial: Creative Print, Schabert
Druck und Bindung: Esser printSolutions GmbH,
Untere Sonnenstraße 5, 84030 Ergolding
Printed in Germany 2024
RECLAM ist eine eingetragene Marke
der Philipp Reclam jun. GmbH & Co. KG, Stuttgart
ISBN 978-3-15-020459-7

Auch als E-Book erhältlich

www.reclam.de

Für mehr Informationen zur 100-Seiten-Reihe:
www.reclam.de/100Seiten

Inhalt

Opening Number

Juli 1982, der Sommer war auch in Minden (Westfalen) ganz ordentlich, obwohl nicht, wie der des darauffolgenden Jahres, von geradezu tropischer Qualität. Fußball-Weltmeisterschaft in Spanien, Torwart Toni Schumacher schlug Patrick Battiston im Halbfinale gegen Frankreich ein paar Zähne aus, doch letztlich holte Italien den Cup. Die Neue Deutsche Welle wurde noch nicht zur Gänze vom Kommerz zugrunde gerichtet, beherrschte aber die Radioprogramme beinahe vollständig; Bilder im Kopf für diese Zeit werden sich mühelos einstellen, wenn ich drei Songs erwähne: SPLIFF, »Carbonara«, SPIDER MURPHY GANG, »Skandal im Sperrbezirk«, und natürlich TRIOS Geniestreich »Da da da«.

Was tat man in der ostwestfälischen Provinz als Teenie mit 13 Jahren? Nicht viel anderes, als hätte man sich in der Metropole befunden: Man lernte heimlich das Rauchen, die sieben Mark für einen »Konti«, zehn kleine Flaschen Herforder Pils im orangen Pappkarton, ließen sich immer auftreiben – und vielleicht kam man auch jetzt schon dahinter, wie sich das andere Geschlecht anfühlt. In dieser Reihenfolge. Wem das nicht reichte, blieb nichts anderes übrig, als sich auf die Kultur zu stürzen, in meinem Fall auf Musik und Literatur (die Kunst kam erst später). Es gab damals Wochen, in denen ich beinahe jeden Tag eine LP erwarb, viel Blödsinn natürlich auch, der sehr bald wieder weggeschenkt werden musste, aber bei Karstadt an der Tränke, einen Steinwurf von der zweimal im Jahr zuverlässig zu Überschwemmungen neigenden Weser entfernt, stand bei den Neuerscheinungen Frank Zappas Album *Ship Arriving Too Late to Save a Drowning Witch*, ein Monstertitel, aber ansprechend schlicht in Schwarzweiß. Das Cover zierte ein *Droodle*, der im stilisierten Motiv mit den Insignien des Künstlers und dem Titel des Albums spielte, das war evident. Für zwölf Mark neunzig.

Zappa? Der Name wie ein Blitzschlag – und doch mit Obertönen von Unsinn, man wusste wohl, ein Spinner, »Bobby Brown« schien mir mäßig komisch, eher etwas zum Schunkeln; in der *Bravo* wurden höchstens Tour-Daten vermeldet (Zappa *war* gerade, oftmals seltsam schlecht gelaunt, aber mit exzellenter Band, auf Europa-Tournee), im *Musikexpress* gelegentlich eine Besprechung, selten ein Interview.

Also los. »No Not Now«, okay, eine Disco-Parodie mit gepitchten Stimmen, das ging wohl gegen die BEE GEES und Konsorten, aber warum fast sechs Minuten lang, immer und immer wieder? »Valley Girl«, mit dem berühmten Monolog von Moon, Zappas älterer Tochter, der den amerikanischen Wortschatz dauerhaft um einige Phrasen wie »gag me with a spoon« oder »grody to the max!« bereichert hat, zugleich sein größter Hit in den USA. Was ich damals für einen ungemein breiten, vulgären Dialekt hielt, war, so weiß ich heute, derjenige verzogener Töchter aus der Upperclass des San Fernando Valley. »I Come from Nowhere«, eine harte Rocknummer mit befremdlich schrägem, zwar rhythmisch, doch nicht melodisch treffendem Gesang und irrwitzigen Breaks, bis nach einigen Minuten offenbar der Chef ein ungeheuer aggressives und temporeiches Gitarren-Solo intoniert, das fetzt und dröhnt und mich atemlos in den Sessel prügelte, bis ich mich darauf besann, dass noch eine zweite Seite zu hören war.

Das Titelstück von über zwölf Minuten wiegte mich zunächst in sanften Groove, es setzt jedoch sehr bald zu bizarren Exkursionen an, mit denen man jede Party sprengen kann. Darin gleich zwei ausufernde Turnübungen auf der Gitarre, aber seltsam zwingend, zum Ende sogar swingend, es wird ohne Pause zu »Envelopes« übergeleitet, einem Stück buchstäblich zum Davonlaufen, weil es, wie ich sehr viel später lernte, in seiner vagierenden Harmonik alle abendländischen Hörgewohnheiten torpediert. Zum Schluss noch »Teen-Age Prostitute«, in der eine Opernsängerin darüber klagt, wie schlecht sie doch ihr Zuhälter behandele. Verhaltener Applaus im Abspann – war das etwa ein Live-Album? Ende.

Ich stand wie versteinert, bis meine Mutter mit dem Kommentar »Junge, was hörst du für Musik?« zum Abendessen rief. An CREAM, DEEP PURPLE und AC/DC hatte sie sich gerade gewöhnt, aber das hier war noch mal etwas deutlich anderes. Heute kann man mit ihr, hochbetagt, die *Sheik Yerbouti* oder *Apostrophe (')* auflegen, denn gegen lange Gitarren-Soli (»Yo' Mama«) oder Napoleon Murphy Brocks Kaspereien hat sie nichts einzuwenden.

In Momenten besonderer Verwerflichkeit musste ich mir dann immer wieder diese Gitarren-Soli geben, bis ich es im Frühjahr 1986 genauer wissen wollte. Die Kommentare meiner – jetzt – Kifferkumpel schwankten zwischen ›abgefuckter, geldgeiler Typ‹, ›Freak‹ und ›Hexenmeister‹, aber in den Plattensammlungen ihrer Mentoren, allesamt gut zehn Jahre älter und mit den einschlägigen Karrieren behaftet, fand sich nicht selten schweres Vinyl mit Titeln wie *Uncle Meat*, *Hot Rats*, *Roxy & Elsewhere* oder *Zappa in New York*. Ein Kosmos ward eröffnet. Doch in Zeiten vor dem Internet geriet die Informations- und Materialbeschaffung außerordentlich schwierig, im Plattenladen standen stets nur die drei, vier letzten Alben dieses ungeheuer produktiven Geistes, in der Stadtbibliothek fand ich lediglich eine unkluge, doch als Buch erschienene Diplomarbeit zur *Sozialkritik in der Rockmusik am Beispiel Frank Zappa* von 1985 und eine veraltete, dazu euphorisch-distanzlose und nur bis 1975 reichende Monographie aus der Feder eines französischen Autors. Es brauchte damals Jahre, um selteneren Exemplaren aus Zappas umfänglicher Liste an Veröffentlichungen auch nur zu begegnen; begieriges Staunen, als ich in Vorwendezeiten auf dem Westberliner Touristen-Flohmarkt an der Straße des 17. Juni unverhofft die *Burnt Weenie Sandwich* in den Händen hielt. *Bongo Fury*, mit Captain Beefheart, endlich. Das Debüt *Freak out!* war schon damals ziemlich kostspielig. Ich wusste ja nicht einmal, wie diese Scheiben aussahen, nur, dass es sie geben musste.

In den späten Achtzigern hatte ich sie bald komplett, aber von den damals in kurzer Folge erscheinenden Doppel-CDs mit Live-Aufnahmen aus zwanzig Jahren Bühnenkarriere dauerhaft auf Trab gehalten, versuchte ich, meine Mitschüler zu missionieren, mit bescheidenem Erfolg. Leider habe ich nur ein einziges Zappa-Konzert besucht, am 5. Mai 1988 mit seiner Bigband in Dortmund, wohl nicht das beste der Tour, aber doch beeindruckend. Im Nachklapp handelte ich mir meinen ersten und bisher letzten Tripper ein, eine Anekdote, die dem Meister gefallen hätte (»Why Does It Hurt When I Pee?«, *Joe's Garage, Act I*).

Entgegen einem zählebigen Mythos hat Zappa niemals auf die Bühne defäziert, weder allein noch gemeinsam mit Captain Beefheart, und erst recht nicht anschließend eine Geschmacksprobe genommen. Wohl aber habe er einmal hinter der Bühne »Scheiße gegessen«, und zwar »am Buffett des Holiday Inn in Fayetteville, North Carolina, im Jahr 1973«.

Zappa hat mich, wie zahllose andere, zum Jazz gebracht, ein unschätzbarer Dienst. *Thank you, Frank.* Heute habe ich, ebenfalls wie viele andere, Phasen, in denen ich ihn wochenlang höre, dann wieder geraume Zeit gar nicht. Setzt er aber zum Solo an, meist ekstatisch, gelegentlich auch kontemplativ, doch stets von seltsamen Geschichten kündend, könnte ich endlos zuhören, daran hat sich nichts geändert. Aber da ist noch viel mehr. Der Reihe nach.

Die Basics

Francis Vincent Zappa II. wurde in Baltimore am 21. Dezember 1940 in eine Einwandererfamilie griechisch-arabisch-sizilianisch-französischer Herkunft geboren. Das kränkliche Kind litt unter den vielen berufsbedingten Umzügen, die die Tätigkeit seines Vaters in der Rüstungsindustrie mit sich brachte; die zahlreichen Ortswechsel führten dazu, dass sich Zappa bald als Außenseiter ohne stabile Freundschaften fühlte. Früh entwickelte er Interesse am Zeichnen, Basteln und an Musik, besonders SPIKE JONES AND HIS CITY SLICKERS, virtuose Comedy-Musiker, die auch große Mengen an Alltagsgeräten als Geräuscherzeuger zum Einsatz brachten, faszinierten ihn schon seit der Kindheit. Während der Highschool spielte er zunächst Schlagzeug in den üblichen Tanzmusikkapellen, vermochte aber nie, seine Extremitäten zu verschiedenen Rhythmen hinreichend zu koordinieren. Ein Drummer, so viel war klar, wurde er nicht. Der Horizont weitete sich, neben dem angesagten Doo Wop liebte Zappa den ungeschliffeneren Rhythm 'n' Blues, etwa von Eddie ›Guitar

Slim‹ Jones, Howlin' Wolf und Johnny ›Guitar‹ Watson. Mit achtzehn begann er selbst, Gitarre zu spielen, Jones' Einfluss ist wenigstens bis 1970 deutlich zu hören. Mit Rock 'n' Roll hingegen konnte Zappa nichts anfangen. Daneben aber entdeckte er in einem von Hochkultur Lichtjahre entfernten Milieu (das eine Semester Musik am Chaffey Junior College in Alta Loma fiel kaum ins Gewicht und wurde angeblich nur absolviert, »um Mädchen kennenzulernen«) über Igor Strawinsky und Anton Webern die Klassische Moderne auf eigene Faust, bis er zudem in einem Magazin über die ›schreckliche‹ Musik von Edgar Varèse las – Anlass genug, nicht ohne Mühen eine erste LP des Avantgarde-Komponisten zu erwerben. Ein Erweckungserlebnis: Nicht nur glich das Foto auf dem Cover einem verrückten Wissenschaftler, das berühmte Stück *Ionisation* für einundvierzig Schlaginstrumente und zwei Sirenen war ihm das ultimative Mittel, seine Umwelt zu schocken, und zugleich initial für die prinzipiell starke Betonung des rhythmisch-perkussiven Aspekts in seinen eigenen Stücken. Wer – wie ich – von Zappa zu Varèse kommt, bemerkt sofort, wie viel er ihm verdankt. Allerdings wäre der frankoamerikanische Pionier ohne Zappas ständiges Werben heute allenfalls halb so bekannt.

Die Familie Zappa verschlug es nach Lancaster, nördlich von Los Angeles, im letzten Highschool-Jahr lernte Zappa Don van Vliet, den späteren Captain Beefheart, über beider Liebe zum Rhythm 'n' Blues kennen. Beefheart hatte ein Auto, also frönten sie abends einem uramerikanischen Ritual der Adoleszenz, »Cruising for Burgers«, wie es auf *Uncle Meat* heißt, natürlich auch auf der Suche nach Mädchen. George Lucas' zweiter Spielfilm *American Graffiti* von 1973 vermittelt einen guten Eindruck von dieser Tradition.

Fest stand schon jetzt, dass die Musik Zappas Lebensinhalt sein musste, er gründete Bands und spielte am Wochenende für ein paar Dollars in Spelunken und Cocktailbars. Von dem Soundtüftler Paul Buff in Cucamonga übernahm er ein Studio, konnte – wenngleich in primitiver Form – ›overdubben‹ (mehrere Tonspuren übereinanderlegen) und geriet prompt wegen einer fingierten ›pornographischen‹ Auftragsarbeit, Sexgeräusche auf Band, mit dem Gesetz in Konflikt. Zappa bekam ein halbes Jahr Knast auf Bewährung, von dem zehn Tage abgesessen werden mussten – eine traumatische Erfahrung, die sein Vertrauen in den Rechtsstaat und den American Way of Life überhaupt nachhaltig erschütterte. Ansonsten schlug er sich mit Gelegenheitsjobs durch, eine überstürzte und bald wieder geschiedene erste Ehe sowie einige Hungerjahre in Los Angeles' Peripherie, während derer er manche seiner späteren Bandmitglieder kennenlernte. In der *Steve Allen Show* führte er 1963 zur allgemeinen Gaudi Kostproben einer Komposition für zwei Fahrräder (!) auf; er wusste, dass er vorgeführt wurde, nutzte aber diese Chance erster medialer Präsenz.

Der Mythos will es, dass Zappa am Muttertag 1964 mit »Project/Object« die Grundzüge seines Konzepts von Band, Werkverständnis und Karriere beisammen hatte: die berüchtigte »Conceptual Continuity« (worüber noch zu reden sein wird). Fakt ist, dass ihm die Gunst von Ort und Stunde zuteilwurde; die Musikindustrie, zunächst eher überrascht von der Einsicht, dass sich mit Pop viele Millionen verdienen ließen, war einen kurzen, historischen Moment bereit, auch in abseitigere Erscheinungen zu investieren. Herb Cohen, Zappas erster Manager, verschaffte ihm und seiner mittlerweile konstituierten, buntscheckigen Truppe MOTHERS OF INVENTION die ersten Gigs, nicht selten zur heftigen Irritation des Publikums.

»Über Nacht«, so Zappa rückblickend, »schafften wir den Sprung vom Hunger zur Armut.« Cohen weckte das Interesse des Erfolgsproduzenten Tom Wilson, der bereits für Simon & Garfunkel und einige von Bob Dylans wichtigsten Frühwerken verantwortlich zeichnete; es gab einen Plattenvertrag bei MGM/Verve, einem Jazzlabel, bescheidene Vorschüsse, aber ein für Newcomer damals ungewöhnlich hohes Budget von 21 000 Dollar, mit dem 1966 in – damals ungewöhnlich langen – drei Wochen Zappas Debüt *Freak out!*, die erste Doppel-LP der Rockgeschichte, eingespielt wurde. Zwar noch kein Konzeptalbum, aber doch ein kohärentes Statement. Zappa verstand sich zu dieser Zeit als Teil und Sprachrohr der Freak-Szene von Los Angeles, die sich von den Hippies in San Francisco abzugrenzen mühte: Anti-Establishment auf der Suche nach Bewusstseinserweiterung auch hier, aber eher ätzend-satirisch als mit Hang zu Flower Power und Love & Peace ausgerichtet, ebenfalls langhaarig, aber eher in Lumpen denn Batikklamotten gehüllt und auf einem strikt individualistischen Kurs ohne Glauben an die Befreiung durch das ›Kollektiv‹ (das Zappa in San Francisco bereits wieder ärgerlich uniform erschien), ohne Hang zu fernöstlicher Mystik und Drogen, sondern in seinem Fall mit Interesse am Dadaismus und der Neuen Musik. Typisch schon für sein erstes Album ist das Überangebot von Information auf dem Cover, »biographical trivia« und eine penible Definition dessen, was es heißt, auszuflippen, knapp zweihundert (auch absurde) Danksagungen, Erläuterungen der Stücke – und doch signalisieren eingefügte »Blah blahs«, »Hotchas!« usw., dass alles wohl nicht ganz so ernst gemeint ist. Als weiteres Moment der Distanzierung wird noch ein fiktiver Brief von Suzy Creamcheese aus Salt Lake City, dem prototypischen Normalo-Teenager, präsen-

Die Mothers of Invention in London, 1967

tiert, die darüber klagt, wie irre diese Band gekleidet ist und wie übel sie riecht: »None of the kids at my school like these Mothers …« Die eigentümliche Ambivalenz dieses Programms, die Zappa durchhalten wird, ist damit bereits offengelegt. Einerseits soll niemand daran zweifeln, wessen Musik das ist (»all selections composed, arranged, orchestrated, and conducted by Frank Zappa«), zumal er auch auf der Bühne mit längeren Ansagen und den berühmten Handzeichen, mit denen er seine Band dirigierte, an seinem Status als absoluter Chef keinerlei Zweifel ließ, andererseits neigte er schon bei seinem ersten Großprojekt dazu, ihm einen selbstironischen Tritt zu verpassen.

Der Zeit mit der Ursprungsbesetzung der MOTHERS OF INVENTION verdankt Zappa seinen Ruhm bis heute, manche

Fans lassen noch immer nur diese kurze Phase von 1966 bis 1969 gelten, seine Erfindung konzeptioneller Underground-Musik, die er beständig ausbauen wird: Im Rahmen einer Ästhetik des Hässlichen und des Bruchs parodierte Zappas wüste Truppe gnadenlos den American Way of Life, destruierte die dazugehörige Populärmusik, verfremdete Mozart und zitierte Strawinsky, bot lange Kabarett-Einlagen, die ins Absurde mündeten und in den Live-Shows nicht selten das Publikum unmittelbar einbezogen, dann wieder erging man sich in ausgiebigen Jams. Mit Bier und Rasierschaum gefüllte Gummihühner wurden massakriert, überdimensionierte Giraffen-Puppen masturbierten, große Mengen an verfaultem Gemüse gelangten als Wurfgeschosse zum Einsatz. Doch erst mit den legendären Shows *Pigs & Repugnant* im New Yorker Garrick Theater ab Ostern 1967, bei welcher Gelegenheit Zappa Bekanntschaft mit Größen wie Eric Clapton, Jimi Hendrix und Joni Mitchell machte, erhielt er die Aufmerksamkeit der Kritiker; dem Big Apple fühlte er sich auch deshalb zeitlebens verbunden, hier schien man ihn zu verstehen.

Nicht verstanden wähnte er sich von der Musikindustrie, die wenig Sinn für seine exzessive Veröffentlichungspraxis hatte – in den ersten zweieinhalb Jahren erschienen gleich fünf Alben, alle mit auffälligen cartoon- oder collageartigen Hüllen versehen, zuletzt noch, ausgerechnet Ende 1968, eine ganze LP mit Doo-Wop-Parodien, *Cruising with Ruben & the Jets*. Um

Zappa verlieh nach einem Konzert im Berliner Sportpalast, das durch eine von der APO provozierte Randale endete (»Ihr benehmt euch wie Amerikaner!«), an seine Mothers den Orden »Berlin Survival Award, 1968«.

sein Soll bei Verve zu erfüllen, publizierte Zappa mit *Mother-mania* seinen ersten und einzigen Sampler, zur Erleichterung wohl beider Seiten trennte man sich. Gerangel mit den Plattenfirmen um Tantiemen, Umfang des Ausstoßes pro Jahr und nicht zuletzt Zensur gehörte seit Anbeginn zu Zappas frustrierendsten Erfahrungen, er beschritt fortan, wo immer möglich, den Weg der Autonomisierung. Insgesamt gründete er im Laufe seiner Karriere vier eigene Labels (und blieb doch auf das Vertriebsnetz der großen Konzerne angewiesen).

Völlig unerwartet löste er 1969 die Ur-MOTHERS auf, nachdem er mit ihnen Großtaten wie *We're Only in It for the Money*, ein Konzeptalbum als Satire auf die Hippies just im Jahr des Höhepunktes der Bewegung, und *Uncle Meat*, eine erste Summe der Möglichkeiten von Zappas kreativem Geist überhaupt, vollbracht hatte. Vielerlei Gründe wurden dafür angeführt. Das Feilschen um nach wie vor schlechte Bezahlung für Konzerte in drittklassigen Hallen bei steter Vergrößerung der Band – bald befand man sich zu zehnt auf der Bühne – und das Unverständnis des Publikums nannte Zappa selbst als entscheidende Punkte. Tatsächlich aber schien ihm das Konzept der Provokation mittels kontrollierter Anarchie schlicht ausgereizt, denn nichts verbraucht sich im Ästhetischen schneller als der Regelverstoß. Die MOTHERS, keine Band von eingeschworenen Freunden, sondern, wie auch alle seine künftigen Musiker nur bezahlte Angestellte, wurden nicht mehr gebraucht, was umso bitterer aufgenommen wurde, da Zappa gerade selbst sein opulentes Eigenheim in Hollywood, 7885 Woodrow Wilson Drive, bezog, dort ein nach außen hin bürgerlich-skandalfreies Leben in der Ehe mit Gail, geb. Sloatman (1945–2015), führte und im Laufe der Jahre vier Kinder zeugte. Dass sich auch im trauten Heim fast alles Zappas bizarrem Wesen zu fügen hatte und die Zustände so harmonisch nicht waren, kam erst nach seinem Ableben häppchenweise ans Licht.

Vielmehr erfolgte der erste von etlichen scharfen Richtungswechseln in seiner Karriere, mit Ian Underwood und einigen Jazz-Musikern nahm er *Hot Rats* auf, die ›Zappa-Scheibe für Leute, die Zappa nicht mögen‹, ohne parodistische Attitüde, dafür mit langen Improvisationen und teilweise erstaunlich gefälligen, geradezu mitpfeifbaren Melodiebögen. Captain Beefheart gibt auf dem einzigen Vocal-Stück »Willie the Pimp«, bevor Zappa zu einem ausufernden Solo mit Wah-Wah-Pedal ansetzt.

Doch die MOTHERS waren noch lange nicht historisch; Zappa besetzte um, indem er in einem weiteren, überraschenden Schachzug Mark Volman und Howard Kaylan von den TURTLES (»Happy Together«) als Leadsänger gewann. Erst mit dieser kurzlebigen Band-Formation von 1970/71, die den Schwerpunkt auf Slapstick, Vaudeville und improvisierte Dialoge legte, obwohl sie mit Aynsley Dunbar am Schlagzeug auch ordentlich Tempo machen konnte, wurde das Thema Sex, und zwar mit Groupies, völlig dominant – oder anders gesagt: Rockmusik erscheint hier bereits selbstreferentiell. Dazu passte Zappas Großprojekt *200 Motels*, sein erster abendfüllender Film, der den im Grunde schlichten Topos »touring can make you crazy« verhandelt. Die Kritiken waren wie stets durchwachsen, man monierte Infantilismus auf dem Niveau von Schulhofpornographie, der Film habe die Aufmerksamkeitsspanne eines Speedfreaks und wirke insgesamt wie eine Überdosis Novocain. Andere meinten, gerade wenn das Konzept aus dem Ruder laufe, habe *200 Motels* seine stärksten Momente. Tatsächlich hatte sich Zappa, der nur fünf Tage in London drehte, übernommen; vom Skript konnte gerade ein Drittel realisiert werden, das beteiligte Royal Philharmonic Orchestra hatte viel zu wenig Zeit zum Proben und schien auch sonst vom Material und den Begleitumständen wenig angetan. Der abtrünnige Bassist der Band musste durch Ringo Starrs Chauffeur ersetzt werden, der zufälligerweise das Instrument hinreichend beherrschte, dessen Chef agierte als Zappa-Double, Keith Moon von THE WHO kasperte ebenfalls mit. Vor allem aber durfte auch Zappa, wie kurz zuvor DEEP PURPLE mit ihrem *Concerto for Group and Orchestra* (1969), erfahren, wie schwer es ist, eine echte Synthese von Rock- und Orchestermusik ins Werk zu richten. Das Beste, was bleibt, sind vielleicht die ersten Verse vom Finale »Strictly Genteel«: »Lord, have mercy on the people in England / For the terrible food these people must eat. / And may the Lord have mercy on the fate of this movie / And God bless the mind of the man in the street.«

Einigermaßen desillusioniert, startete Zappa eine Wintertournee in Europa, die ebenfalls unter keinem guten Stern stand; in Montreux brach am 4. Dezember 1971 während des Konzerts im alten Casino ein Feuer aus, Zappa konnte eine Panik verhindern, niemand kam während des Brandes am Genfer See zu Schaden. DEEP PURPLE, die vor Ort ihr Album *Machine Head* aufnahmen und sich auch beim Konzert der MOTHERS im Publikum befanden, hat dies zu ihrem größten Hit »Smoke on the Water« inspiriert. Zappa ließ sich überreden, die Tour mit geliehenem Equipment fortzusetzen, zum Ende des Konzerts in London am 10. Dezember stürmte ein junger Brite auf die Bühne und stürzte Zappa in den mehrere Meter tiefen, betonierten Orchestergraben. Er erlitt komplizierte Brüche, die ihm ein dauerhaft verkürztes Bein bescherten sowie eine Kehlkopfquetschung, die erst jetzt zu seiner tieferen, markanten Sprechstimme führte. Eingegipst, in den Rollstuhl gebannt und später noch immer auf Krücken angewiesen, war über viele Monate des neuen Jahres an Live-Auftritte nicht zu denken. Zappa machte aus der Not eine Tugend, füllte die Schublade mit neuen Songs und wandte sich nun verstärkt dem Jazz zu. Fusion, also Jazzrock, war der Trend der Zeit, Zappas Ansatz lässt sich an der Oberfläche als ein etwas abseitiger Kommentar verstehen. Mit einem größeren, gemischten Ensemble – der von ihm hochgeschätzte Aynsley Dunbar etwa blieb dabei – startete er Sessions, aus denen die Alben *Waka/Jawaka* und *The Grand Wazoo* hervorgingen. Für einige wenige Konzerte auch in Europa stellte Zappa im Herbst 1972 ein 20-köpfiges »Electric Symphony Orchestra« mit üppiger Bläsersektion zusammen, woran sich mit dem rückblickend so genannten »Petite Wazoo«, immer noch zehn Mann stark, eine Tour bis Jahresende anschloss. Im Programm fanden sich schon frühe Versionen von »Cosmik Debris« und »Montana«, Stücken aus der unmittelbar folgenden, kommerzielleren Phase, die bald zu Konzert-Favoriten aufsteigen sollten. Über Jahrzehnte gab es aus dieser Phase keine Live-Dokumente zu hören, erst 2007 veröffentlichte der Zappa Family Trust das Bostoner Abschlusskonzert der großen Besetzung, engagierte Fans posten im Internet nach und nach auch ihre Mitschnitte als Hörproben des kleineren Line-ups.

Klar war jedenfalls: Populär und vermögend werden konnte man mit solchen Ambitionen nicht, ganz im Gegenteil. Es wird bis heute gerätselt, ob für Zappas Schwenk zur für seine Verhältnisse eingängigeren, fast poppigen Musik ab 1973 ein bewusstes Kalkül festgestellt werden kann – und sei es auch nur als Einsicht, dass man die Vielfältigkeit seines Interesses an verschiedenen Genres wie Jazz, Rock und Klassik fortan besser separat verfolgte. Die neue Band hatte mit George Duke an den Keyboards, Ruth Underwood an Percussion und bald auch Napoleon Murphy Brock für Leadgesang und Saxophon ein sehr distinktes Profil und avancierte, wie der Chef rückblickend sehr wohl registrierte, bald zu »one of the audience's favorite ensembles«. Mit Recht, kam hier doch verblüffende Virtuosität mit Witz und Improvisationskunst zusammen. Die Besetzung hielt, mit Wechseln in der Rhythmusgruppe, bis 1975. Zappa konnte sich blind auf sie verlassen und wähnte sich selbst als Solist auf der Höhe seines Könnens. Überhaupt war er in der ersten Hälfte der Siebziger nahe am ›Puls der Zeit‹, das heißt, dem der desorientierten Supermacht USA, die während des ganzen Jahrzehnts mit dem Trauma des verlorenen Vietnamkriegs, zäher Wirtschaftskrise und Inflation zu kämpfen hatte. Die Alben *Over-Nite Sensation*, *Apostrophe (')* und *Roxy & Elsewhere* verhandeln die neue Sexwelle mitsamt ihren bizarreren Auswüchsen, Gurus und den Boom der Esoterik, frühe ›Aussteiger‹ wie den Cowboy auf seinem »pygmy pony« in »Montana«, der mit dem Sammeln von Zahnseide (!) versucht, in tiefster Provinz sein Glück zu machen, und natürlich Richard Nixons kriminelle Umtriebe. Zappa ergeht sich in Medienschelte, belächelt den (sozialhistorisch gut belegten) Aufstiegswillen der schwarzen Bevölkerung und würzt diese Mischung mit den typisch absurden Elementen. So gibt es etwa einen Dialog mit dem fiktiven Haushund Fido über Schweißfüße *und* Zappas Werkkonzeption oder die zehnminütige Suite »Don't Eat the Yellow Snow« um den Eskimo Nanook, die, von einem Radio-DJ auf Single-Format eingedampft, zu Zappas großer Verwunderung sogar ein mittlerer Hit wurde.

Die Band zerfiel schrittweise, Zappa gründete neue Formationen; Terry Bozzio kam als neuer Schlagzeuger und be-

Vom Hitparadenerfolg der Suite »Don't Eat the Yellow Snow« überrascht, ließ Zappa vor dem Sitz von Warner Brothers 1974 eine 50-köpfige Marschkapelle paradieren. Die Grammys für »Dancin' Fool« und das Album *Jazz from Hell* waren ihm als »Plastikvögel« jedoch bedeutungslos.

geisterte Bandleader sowie Fans gleichermaßen, die Sängerin und Keyboarderin Bianca Odin, die es 1976, wie die Saxophonistin Norma Jean Bell bereits das Jahr zuvor, auf Tour nicht lange aushielt, war die letzte Frau in Zappas Bands. Zur Überraschung aller versöhnte sich Zappa nach einigen Jahren Entfremdung mit Captain Beefheart und tourte mit ihm, angeblich aus karitativen Gründen, da Beefhearts Hab und Gut damals in zwei Plastiktüten gepasst habe und er durch unüberlegte Vertragsabschlüsse kreativ geradezu gelähmt gewesen sei. Der Sound wurde rauer, rhythm-'n'-blues-lastiger, Beefhearts Anarchismus zusammen mit Murphy Brock mochte seinen Teil dazu beigetragen haben; das Album *Bongo Fury* gehört in das Regal jedes auch nur mäßig an Zappa interessierten Hörers. Außerdem wagte er einen neuen Angriff auf das Orchester, Mitte September 1975 wurde in Los Angeles mit einem knapp 40-köpfigen Ensemble, elektrische Rhythmusgruppe inklusive, Material eingespielt, das unter suboptimalen Bedingungen erst 1979 als *Orchestral Favorites* erschien.

Zappa begann Mitte der Siebziger mehrere Prozesse, die sich teilweise überschnitten. In England klagte er aufgrund eines 1971 wegen ›befürchteter Obszönität‹ untersagten Konzerts auf Verdienstausfall und verlor diese Farce, was sein Negativbild des Vereinigten Königreichs auf immer fixieren sollte; er trennte sich von seinem langjährigen Manager Herb

Cohen und legte sich mit Warner Brothers in einem undurchsichtigen Rechtsstreit um Tantiemen, Verbleib der Mastertapes und seine Veröffentlichungspraxis an, was zeitweilig dazu führte, dass er weder im Studio arbeiten konnte noch Zugriff auf sein zum Streitwert gehörendes Archiv hatte und für die Veröffentlichung von *Zoot Allures* 1976 sogar sein eigenes, von Cohen geleitetes, doch ebenfalls zu Warner zählendes Label DiscReet umgehen musste, um direkt beim Mutterkonzern zu publizieren – mit dem er zur gleichen Zeit im Clinch lag. Zappa gewann später den Prozess mit einem Streitwert von etlichen Millionen und gelangte 1982 endlich in den Besitz seiner Masters; für den Moment blieb nur das Touren – in recht schmaler Besetzung, damit wenigstens etwas Geld in die Kasse kam. Nach dieser Zeit schälte sich das typische Line-up im Übergang zu den Achtzigern heraus: zwei Keyboards, etwa Tommy Mars und Peter Wolf, neben dem Schlagzeug zusätzliche Percussion von Ed Mann, wenigstens ein schwarzer Leadsänger, besser jedoch zwei, Ray White und Ike Willis. Das Wunderkind Steve Vai übernahm von 1980 bis 1982 die »stunt guitar«, also das, was Zappa selbst nicht spielen konnte, bevor Vai eine kometenhafte Karriere im Heavy-Metal-Genre startete; die Rhythmusgruppe wechselte von Arthur Barrow am Bass und Vinnie Colaiuta am Schlagzeug zu Scott Thunes und Chad Wackerman.

In Deutschland war Zappa zum Ende der Siebziger sehr angesagt, nicht zuletzt, weil er sich endlich entschlossen hatte, »Bobby Brown« auf seinem Bestseller *Sheik Yerbouti*, für Neugierige noch immer die ideale Einstiegsscheibe, 1979 zu veröffentlichen.

Die achtziger Jahre freilich brachten ordentlich Gegenwind. Ich lasse mir nicht ausreden, dass dieses zum Glück kurze das ästhetisch und alltagskulturell unerfreulichste Jahrzehnt des vergangenen Säkulums ist. Die Mode ist der Lackmustest, 1982 hielten Pastellfarben, Strick- und Lederkrawatten Einzug – und es wurde jedes Jahr schlimmer. Die Models erschienen plötzlich ungewohnt athletisch, was nur zum Teil an den unvermeidbaren Schulterpolstern lag, normalsterbliche Frauen trugen pinkfarbenen Lippenstift, schlüpften in sackförmige Sweatshirts oder Pullover und ebenso geschnittene, dazu nicht selten pistaziengrüne oder gar rosa Hosen. Vergessen dagegen ist der Habit der Blödmänner aus der Oberstufe, die in Mathe und Sport gut waren und bald darauf ihr Jura- oder BWL-Studium starteten. Sie trugen wie auf Verabredung seit 1985 durchweg gedeckt karierte Beinkleider aus Wolle, von uns ungnädig »Erfolgshosen« getauft, vorzugsweise zu Slippers mit Bommeln und Fransenlasche, das Herumturnen auf der imaginierten eigenen Yacht präpotent schon mal behauptend. Besonders geschmacksfreie Exemplare dieser Spezies stellten im Sommer die Kragen ihrer Leinenjacketts auf und krempelten deren Ärmel hoch.

So klang auch die Musik. Ab 1984 wurde der internationale Synthie-Pop völlig dominant und Phänomene wie Madonna, YAZOO, Boy George und Kylie Minogue verschreckten den arglosen Beobachter. Mick Jagger und Keith Richards verkrachten sich auf Jahre, Neil Young und Bob Dylan fiel bis 1989 nichts mehr ein. Phil Collins von Genesis, den der Erfolg als Solokünstler (mit »In the Air Tonight« fing alles an) selbst überraschte, definierte den Sound der Achtziger und vergriff sich als Produzent sogar am bekannt labilen Eric Clapton und erzeugte mit ihm unter anderem die wahrhaft ekelerregende Platte *August*. Zwar wusste er nicht, was er tat, lud aber schwere Schuld auf sich. In Deutschland wurden, das sei ebenfalls

Frank Zappas
musikalische Komplizen —

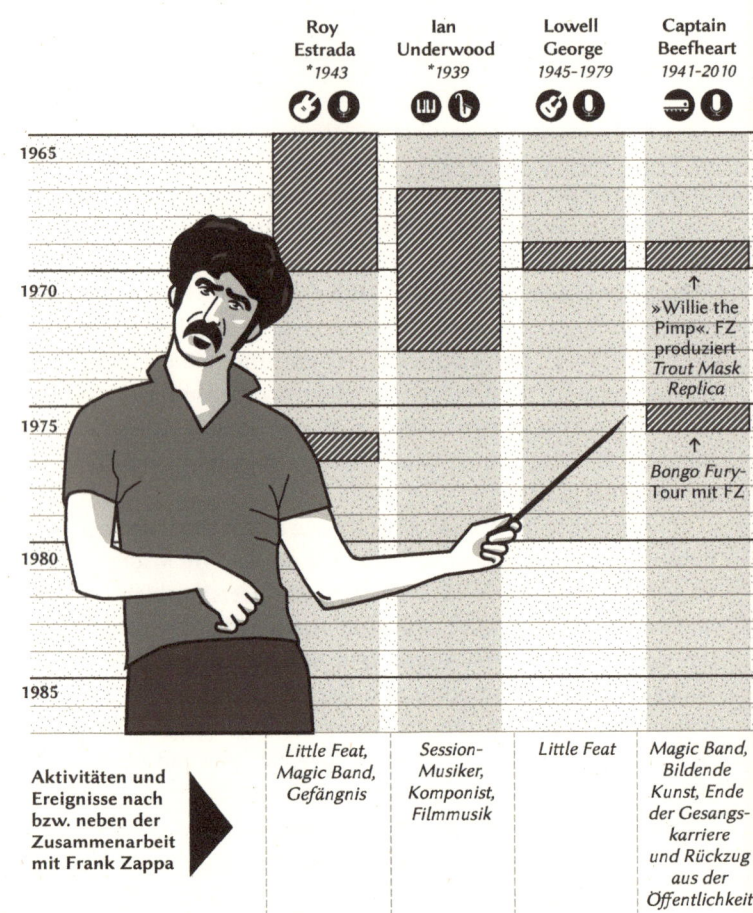

	Roy Estrada *1943	Ian Underwood *1939	Lowell George 1945–1979	Captain Beefheart 1941–2010
1965				
1970				»Willie the Pimp«. FZ produziert *Trout Mask Replica*
1975				*Bongo Fury*-Tour mit FZ
1980				
1985				
Aktivitäten und Ereignisse nach bzw. neben der Zusammenarbeit mit Frank Zappa ▶	Little Feat, Magic Band, Gefängnis	Session-Musiker, Komponist, Filmmusik	Little Feat	Magic Band, Bildende Kunst, Ende der Gesangs-karriere und Rückzug aus der Öffentlichkeit

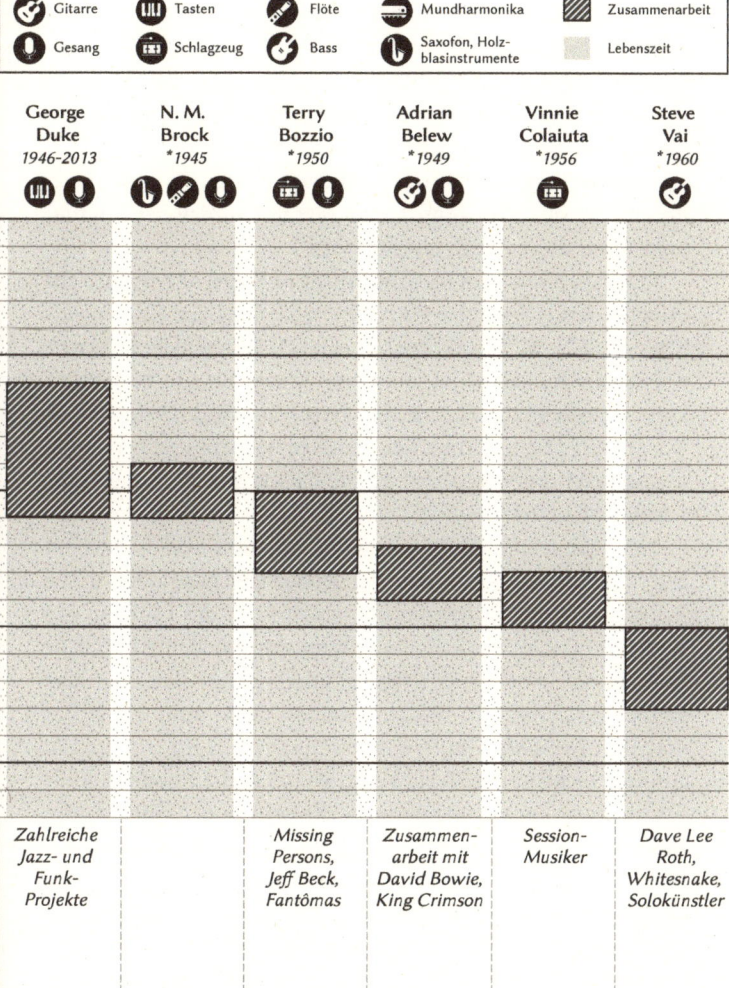

LEGENDE

- Gitarre
- Gesang
- Tasten
- Schlagzeug
- Flöte
- Bass
- Mundharmonika
- Saxofon, Holzblasinstrumente
- Zusammenarbeit
- Lebenszeit

George Duke	N. M. Brock	Terry Bozzio	Adrian Belew	Vinnie Colaiuta	Steve Vai
1946–2013	*1945	*1950	*1949	*1956	*1960

| Zahlreiche Jazz- und Funk-Projekte | | Missing Persons, Jeff Beck, Fantômas | Zusammenarbeit mit David Bowie, King Crimson | Session-Musiker | Dave Lee Roth, Whitesnake, Solokünstler |

erinnert, MODERN TALKING und Frank Farians MILLI VA-
NILLI möglich. Die Zeit insgesamt ein Albtraum: Hollywood,
in den Siebzigern gerade erst erwachsen geworden, stieß Arte-
fakte wie *Top Gun* (1985), *Wall Street* (1987) und, gleichsam als
Abschlusskommentar zur Epoche, auch noch *Pretty Woman*
(1990) aus. Sogar der Jazz der Zeit klang wegen der vielen
Synthesizer und des oftmals genutzten MIDI-Systems nach
Plastik, als Musikfan konnte man sich nur zurückwenden und
hoffen, auf diese Art zu überwintern.

Für Zappa kam das natürlich nicht in Frage, er reagierte auf
dreierlei Art. Obwohl er für MTV noch 1981 ein Halloween-
Konzert in New York aufzeichnen ließ, war ihm klar, dass trotz
des stark visuellen Moments« seiner Musik für ihn in der auf-
kommenden Video-Kultur kein Platz sein würde. Sein Budget
war immer knapp bemessen, die Neuerscheinungen wurden
wenig beworben; an aufwendige, bald schon Millionen ver-
schlingende Dreharbeiten à la Michael Jacksons »Thriller« oder
Duran Durans »Wild Boys«, wohl Arbeiten von fraglichem
ästhetischen Wert, war nicht zu denken. Ebenso widerstrebte
Zappa, in Dimensionen von Hitsingles mit der Laufzeit von
fünf Minuten zu denken, ein Album war die kleinstmögliche
Einheit, die eine Beschäftigung lohnte. Hier ließ sich also
kaum reüssieren, ein mäßig witziges Video zum Titelstück
von *You Are What You Is*, das ein Double von Ronald Reagan
auf dem elektrischen Stuhl zeigt, wurde nicht gesendet. Endlich aber war Zappas Heimstudio, die berühmte Utility Muffin
Research Kitchen, an der zwei Jahre gebaut wurde, einsatz-
fähig. In seinem Hang zur Autonomisierung achtete er auf
professionelles Niveau, indem er mit 24 Spuren analog begann, bald das mobile Studio der BEACH BOYS dazukaufte,
1984 auf 24 Spuren, 1988 dann auf 48 Spuren digital umsattel-

te, dazu stets auch eine bewegliche Einheit anschaffte. Nun konnte auch jedes Live-Konzert in vernünftiger Qualität dokumentiert werden, die Regalwände mit Aufnahmen füllten sich schnell, Zappa war endlich sein eigener Herr und hatte die Möglichkeit, ohne Zeitdruck nach seinen eigenen Standards zu produzieren, pro Jahr wenigstens ein neues Album war das Minimum an Ausstoß, meist gab es mehr.

Im eigenen Studio, Anfang der Achtziger

Ebenso regelmäßig und exzessiv wurde getourt. Während der Siebziger war Zappa am ausgiebigsten unterwegs, USA- und Europa-Tourneen wechselten in derartiger Dichte, dass manchmal nur einige Monate vergingen, bis man ihn erneut begrüßen konnte. Er verschmähte dabei auch die kleineren Hallen nicht, um, wie er sagte, »die Musik zu den Leuten zu bringen«; auffällig ist sein Faible für Skandinavien (kaum jemanden zog es zu dieser Zeit nach Finnland!), eher selten frequentierte er Japan und Australien. Landeskunde allerdings lag ihm fern, was er auf dem Weg vom Hotel zur Bühne sehe, sei ihm genug. In den Achtzigern ließ die Frequenz des Tourens langsam nach, in einem Jahr US-, im anderen Europa-Tournee war der Modus, der sich bald einpendelte – und 1983 sah man ihn erstmals nicht viele Monate lang irgendwo »on the road«. Nach unerfreulichen Zwischenfällen in Europa drohte Zappa immer wieder, nicht mehr live zu spielen, es lohne einfach Ärger und Aufwand nicht. Dafür wagte er in Eigenregie noch einmal die Realisierung einiger seiner Orchesterwerke, ausgerechnet im verachteten England. Die Leitung des groß, mit über hundert Musikern, besetzten London Symphony Orchestra übernahm der junge Kent Nagano; die zwei Alben, die Zappa veröffentlichte, erhielten durchweg positive Kritiken, doch er konnte nicht umhin, in seinem Buch von 1989 schmutzige Wäsche zu waschen: Wieder sei nicht ausreichend geprobt worden, das ausführende Organ nichts als eine Bande eitler, biertrinkender »Drohnen« gewesen, die Nachbearbeitung der Aufnahmen und Ausmerzung aller Fehler habe ihn schier zur Verzweiflung getrieben. Die Zusammenarbeit mit Pierre Boulez hingegen, dokumentiert auf *The Perfect Stranger*, befriedigte immerhin Zappas Eitelkeit.

Dass man seine Statements nicht immer für bare Münze nehmen darf, zeigte die ausgiebige Welttournee 1984; spielfreudig zwar und mit einer relativ schlanken Band unterwegs, bearbeitete Chad Wackerman auch Simmons Drums, ein elektronisches Schlagzeug mit widerwärtig synthetischem Klang, das den Hörgenuss der Aufnahmen von dieser Tour, die Zappa wie keine zweite verwertet hat, doch empfindlich schmälert. Dem Meister ist das sehr bald selbst aufgegangen, das Instrument wanderte in die Asservatenkammer und ward fortan nicht mehr vernommen.

Zappa wurde nun explizit politisch; die »Washington Wives«, eine Gruppe von Ehefrauen amerikanischer Spitzenpolitiker, versuchten als informelle Lobby, eine Zensur von Popmusik durchzusetzen – für ihn ein massiver Angriff auf das verfassungsmäßig verbriefte Bürgerrecht der Redefreiheit, ausgeheckt von müßigen Frauen aus der Upperclass, die sonst nichts Besseres zu tun hatten. Nie sah man ihn für Interviews und Diskussionsrunden öfter im Fernsehen, am 19. September 1985 testierte er sogar, mit Dee Synder von TWISTED SISTER und John Denver, einer wahrhaft seltsamen Mischung, vor dem Senatsausschuss. Die Angelegenheit endete im Kompromiss, ein Zensurgesetz wurde nicht verabschiedet, doch fortan verpflichtete sich die Musikindustrie freiwillig, Tonträger mit möglicherweise anstoßerregenden Songtexten zu markieren. Seit dieser Zeit existiert der Hinweis »Explicit Lyrics!« ebenso wie die Unsitte, Kraftausdrücke im Fernsehen zu überpiepen. Zappa nahm es Prince, der mit seinem Song »Darling Nikki« über eine Masturbationsphantasie überhaupt erst Anlass zu der ganzen Aufregung gab, besonders übel, dass dieser sich nicht in die Debatte einschaltete.

Die dritte große Neuerung während der Achtziger aber war Zappas Entdeckung des Synclavier. Dieser für Komponisten entwickelte, damals exorbitant kostspielige Computer, von dem Zappa drei Modelle erwarb, konnte Noten drucken – eine erhebliche Arbeitserleichterung, waren doch die Kosten für die zeitaufwendige Handarbeit der Kopisten erheblich. Außerdem war es möglich, mit dem Gerät Geräusche zu sampeln, auf einzelne Tasten zu legen und beliebig zu kombinieren sowie zu modifizieren. Nachdem Zappa, zunächst unwillig, das Programmieren selbst erlernt hatte, verfügte er quasi über ein Heimorchester und konnte in Eigenregie, ohne den einschränkenden und fehleranfälligen »human factor«, seine Klangphantasien erproben. Mit seiner Autonomisierung igelte er sich allerdings auch immer weiter ein: Der Nachtarbeiter sah selbst seine Ehefrau, die nach Zappas unerfreulichen Erfahrungen mit Managern nun das Geschäftliche abwickelte, nur noch zum ›Schichtwechsel‹. Tontechniker, dienstbare Geister und einzelne Musiker, die ihren Part einzuspielen hatten, frequentierten zwischenzeitlich sein Studio, er selbst tüftelte unentwegt an neuen Kompositionen und begann auch bald die Arbeit an einer umfänglichen Retrospektive: *You Can't Do That on Stage Anymore* (1988–92). Dreizehn Stunden Musik auf sechs Doppel-CDs fügen sich zu einer nichtchronologischen, doch launig kommentierten Werkschau seiner Bühnenpräsenz in zwanzig Jahren; besonders für Zappa-Novizen, die der umfangreiche Backkatalog durchaus verwirren kann, ein wunderbarer Querschnitt.

Für eine letzte Tournee im Jahr 1988 stellte Zappa eine ungeheuer druckvolle Bigband von elf Personen zusammen, arrangierte seine sämtlichen Klassiker neu und verpasste dem Programm insgesamt eine entschieden politische Stoßrichtung – womit man nach den zurückliegenden Orchesterprojekten und Computerexperimenten, mit denen große Teile des Publikums nicht viel anfangen konnten, gar nicht mehr gerechnet hatte. Die Tour endete vorzeitig wegen, wie wir Fans damals glaubten, fadenscheiniger Gründe. Die Spannungen zwischen dem Bassisten Scott Thunes und dem Rest der Band seien so stark geworden, dass an weiteres gemeinsames Musizieren nicht zu denken gewesen sei. Zappa fühlte sich quasi von hinten durch die Stirn geschossen: Jeder habe ordentlich verdient, nur er selbst eine halbe Million Dollar Verlust eingefahren. Diese ›offizielle‹ Version klang unglaubwürdig, weil Thunes seit Jahren mit Zappa unterwegs war und seine Eigenheiten bekannt gewesen sein dürften; in Andrew Greenaways minutiösem Tour-Bericht *Zappa the Hard Way* aber lässt sich nachlesen, dass es tatsächlich so gewesen sein muss.

Zappa konnte zu diesem Zeitpunkt noch nicht wissen, dass ein jahrelang unentdeckt gebliebener und nun inoperabler Prostatakrebs seine noch verbleibende Lebenszeit radikal verkürzen würde, 1991 dann war die bittere Diagnose Gewissheit. Zwischendurch fiel der Ostblock in sich zusammen, in dem Zappa zu seiner eigenen Überraschung Tausende Fans hatte. Der Ost-Berliner Dichter Uwe Kolbe bekannte schon 1979 im Gedicht »Auf ein paar alte Bekannte«, Zappa sei »so irre, wie wir sein wollen«; noch *Neues Leben*, das Zentralorgan der FDJ, brachte in seiner November-Nummer 1988 ein einseitiges Feature über Zappa auf seiner *Broadway the Hard Way*-Tour. Eigentlich kein Wunder, denn Attacken auf das US-Establishment, vorgetragen von der eigenen Kulturelite, hatten im Sozialismus geradezu naturgemäß Nachrichtenwert. Es folgte die Farce als tschechoslowakischer Attaché für Wirtschaft, Kultur und Tourismus; Zappa lernte bei einem Zwischenstopp in Prag mit dem Dramatiker, Heidegger-Verehrer und ehemaligen Regimegegner Václav Havel den ersten postkommunistischen Staatspräsidenten kennen, der sich ebenfalls als Zappa-Fan zu erkennen gab. Die beiden Kettenraucher verstanden sich blendend, und Zappa wurde über Nacht zum Repräsentanten der Tschechoslowakei ernannt, worauf das Außenministerium der USA prompt Einspruch erhob: Das kleine Land möge sich überlegen, ob es fortan lieber Geschäfte mit Mr. Zappa oder den USA machen wolle. Nach diesem Ultimatum wurde er zum inoffiziellen kulturellen Gesandten degradiert. Zappa drohte nun in unzähligen Interviews, gern auch als Uncle Sam verkleidet, eine Präsidentschaftskandidatur in seiner Heimat an, ein Gedanke, den er nicht zum ersten Mal in die Öffentlichkeit trug. Wenigstens als PR-Gag ging das durch, denn natürlich war er, wie bereits Joe Walsh von den EAGLES, der sich 1980 als Anwärter hatte aufstellen lassen, chancenlos. Miles Davis fand es dennoch »cool, sehr cool«, und Andy Summers, der ehemalige Gitarrist von THE POLICE, stellte sich spontan als Vize zur Verfügung. Es bleibt bis heute rätselhaft, wie ernst es Zappa damit war.

Späte Genugtuung aber wurde ihm zuteil, als er, bereits schwerkrank, mit dem hochrenommierten Frankfurter Ensemble Modern doch noch Interpretationen seiner Orchesterwerke realisieren konnte, die seinem Anspruch an Perfektion sehr nahekamen. Der *Yellow Shark* gibt Kunde von den vereinten Bemühungen. 1993 ging es mit seiner Gesundheit rapide bergab, das letzte Interview zeigt einen erschöpften, wieder langhaarigen und nun auch vollbärtigen Zappa, der beinahe entrückt wirken könnte, wären nicht Siechtum und gebrochene Stimme offenkundig; ihm ist nur zu klar, dass der Sensenmann schon vor der Tür steht. Alte und neue Weggefährten

Mit Václav Havel, 1990

wie Terry Bozzio, Johnny ›Guitar‹ Watson und Matt Groening, der Erfinder der *Simpsons*, verabschiedeten sich von ihm, Captain Beefheart spielte ihm via Telefon die geliebten Rhythm-'n'-Blues-Singles aus der Jugend vor. Frank Zappa verstarb am 4. Dezember 1993 und wurde bereits am darauffolgenden Tag im engsten Familienkreis beigesetzt, um den zu befürchtenden Presserummel zu vermeiden.

Vieles ist seitdem geschehen. Kurz nach seinem Tod fiel der Musikpresse, mit der Zappa sein Leben lang kämpfte, plötzlich auf, dass das sperrig-komplexe Werk dieses innovatorischen Geistes vielleicht doch eingehenderer Beschäftigung lohne, und sie wies ihm – wie natürlich seine meisten Fans weltweit – seinen Platz als Genie in den heiligen Hallen des Rock an. Tatsächlich findet sich in den einschlägigen Quellen für die Meinung der großen Masse, Youtube-Kommentaren und Amazon-Kundenrezensionen, kaum noch etwas anderes als vorbehaltloser Jubel, das ist relativ uninteressant. Doch in den letzten Jahren sind einige lesenswerte Bücher und Aufsätze erschienen, die bei der Konstruktion eines differenzierten Bildes nützlich sind. Der noch zu Lebzeiten Zappas gegründete Familiy Trust wachte bis zum Tod von Zappas Witwe Gail 2015 mit harter Hand über Verwertungschancen sowie Vermarktungsrechte und machte lange Jahre unter anderem dem Fanclub Arf Society e. V., der alljährlich in Bad Doberan die »Zappanale« ausrichtet, das Leben schwer. Gail Zappa teilte das Erbe ungleich auf, die beiden älteren Kinder Moon und Dweezil sind gegenüber den jüngeren, Ahmet und Diva, benachteiligt. Seit dieser Zeit tobt ein öffentlich ausgestragener, hässlicher Geschwisterzwist, der bislang darin gipfelte, dass Ahmet seinem Bruder Dweezil – der seit Jahren unter Namen wie »Zappa Plays Zappa« auftritt und so, was immer man von dieser Form der Unselbständigkeit halten mag, die Erinnerung an das Erbe wachhält – die Verwendung des Vaternamens (und damit auch seines eigenen!) zu untersagen versucht. Als Konsequenz der Querelen konnte die Zappanale 2017 dann mit Dweezil doch noch ein Mitglied der Kernfamilie begrüßen, die die Veranstaltung, anders als viele ehemalige Bandmitglieder Zappas, bisher gemieden hatte wie der Teufel das Weihwasser. Die Dinge also sind weiterhin in Bewegung.

»Music is the best«

Fast jeder, der das erste Mal Zappa vernimmt, hat den Eindruck eines nervtötenden Chaos; es gibt Leute, die seine Musik nach wenigen Minuten buchstäblich in die Flucht schlägt. Erst nach einigen Wochen Hörerfahrung ergeben sich annäherungsweise Sinn und Logik sehr vieler seiner Stücke – wenn auch nicht bei allen. Zwar gibt es zahlreiche rockige, soulige, bluesige oder auch als Reggae ›straight‹ gespielte Songs, übrigens allesamt parodieverdächtig, doch das typische Zappa-Lied besteht aus ständigen Taktwechseln, irrwitzigen Breaks sowie seltsamen Interventionen, gern in kuriosen Taktarten wie 9/4 oder 18/16, und häufig auch Zitat-Anleihen bei anderen Künstlern, oft in grotesker oder despektierlicher Verfremdung. Selten wird das Metrum auch nur eine Minute durchgehalten. Rhythmische und metrische Diversifikation ist daher *das* Erkennungsmerkmal Zappa'scher Musik schlechthin. Volker Rebell, dem wir einen der lesenswertesten Texte über Zappa verdanken, bemerkte zu Recht, es gebe »kaum eine Taktart – und sei sie noch so verschroben –, die bei Zappa nicht schon ausgetrommelt worden wäre«. Wer mag, kann diesen Grundzug seiner Stücke auf das prägende Varèse-Erlebnis seiner Jugend zurückführen. Melodisch und harmonisch bevorzugte Zappa größere Intervallsprünge. Seine Liebe galt überhaupt der »harmoniefremden Intervallfortschreitung«, wie Wolfgang Ludwig festhielt, ganze Quart- und Quintgänge entzückten ihn schon ob ihres optischen Eindrucks als Notation. Alles, was absonderlich klang und technisch möglich war, musste bei diesem Verächter der Funktionsharmonik ausprobiert werden, Harmoniestufenfolgen wie die Jazzkadenz II–V–I waren sogar verboten, der Dominantseptakkord musste stets anders als in die zu erwartende Grundstufe aufgelöst werden. Zappa verglich seine Kompositionen gelegentlich mit den Mobiles von Alexander Calder, diese seien ein »System von Schwerpunkten, Gegengewichten, Höhepunkten und Spannungsbögen. [...] Eine große Masse irgendeines Materials wird durch eine kleinere, dichtere Masse eines anderen Materials ausbalanciert, abhängig von der Länge des Dings, an dem sie hängt, und vom gewählten Schwerpunkt des Gebildes.« Auch wenn der intermediale Vergleich zwangsläufig hinkt, Zappas Musik frönt so nicht dem Pathos der Authentizität und »credibility«, auch nicht dem postmodernen Prinzip des »anything goes«, sondern ist mit ihrer Strategie des Illusionsbruchs und der Verkomplizierung der Form definitiv nicht Teil von Populärkultur oder ›Pop‹, sondern folgt ästhetischen Grundentscheidungen von Klassischer Moderne und historischen Avantgarden. Dies ist das eigentlich Erstaunliche: dass jemand quasi aus dem Nichts mittels eigener Kraft die Verfahren von Dada, Surrealismus und Neuer Musik in das Rockidiom einbringt. Zwar wurden diese Erbschaften seit den späten 1960ern, also gleichzeitig mit dem Beginn von Zappas Karriere, im internationalen akademischen Diskurs wiederentdeckt, doch ist Zappa als Leser von André Breton, Louis Aragon, Tristan Tzara und Hugo Ball, Raoul Hausmann und Richard Huelsenbeck ebenso schwer vorstellbar wie von James Joyce, Samuel Beckett und Alfred Döblin. Auch die Lektüre der russischen Formalisten wie Boris Eichenbaum, Viktor Šklovskij und Jurij Tynjanov ist höchst unwahrscheinlich, obwohl Zappas Ästhetik sich mit ihrer Auffassung, das Wesen der Kunst sei Verfremdung, Variation, Störung der Erwartungshaltung, ›Spielen mit Pedal‹, verblüffend genau deckt. Dagegen dürfte ihm die bildende Kunst von Salvador Dalí, Max Ernst, Jackson Pollock, John Heartfield sowie der Kubisten durchaus begegnet sein, obwohl er stets beteuerte, in Sachen Literatur- und Kunstgeschichte völlig ahnungslos zu sein – doch jüngst bekanntgewordene Fotos der Inneneinrichtung seines Anwesens zeigen auch eine wohlbestückte Bibliothek.

Ein Calder'sches Mobile, fünfziger Jahre

Was Zappas Musik eigentlich *ist*, lässt sich daher auch kaum sagen; er hat, was nur den wenigsten gelingt, sein eigenes Idiom geschaffen, die gängig gewordene Vokabel ›zappaesk‹ für besonders schräge Songs anderer Interpreten zeigt das an. Dennoch, es gibt natürlich Deutungsansätze. James Borders schrieb treffend, Zappa verfertige »music about music« – und es ist kein Zufall, dass schon Theodor W. Adorno genau dies Igor Strawinsky, einem der Idole Zappas, als vernichtend gemeinte Kritik attestierte. Zu dieser Reflexivität, ironischen Distanz zur Tradition und eigenen Position gehören zwingend Parodie und Zitat. Zappas musikalische Phantasie entzündet sich wenigstens zur Hälfte an Verballhornungen von Songs, die längst zum kulturellen Allgemeingut gehören (etwa der BEATLES, von Elvis, Johnny Cash usw.) und gerade aktueller Hits, das gehört zur Strukturlogik seiner Kreativität. Es traf im Laufe der Jahre Bob Dylan, Johnny Cash, die DOORS, Peter Frampton, Christopher Cross, die BEE GEES, Michael Jackson und viele andere; die Schmerzgrenze der Rechtgläubigen war dann bei seinen Zerlegungen von LED ZEPPELINS »Stairway to Heaven«, Hendrix- und CREAM-Stücken erreicht, gerade die Hendrix-Schändung stieß auf Unwillen selbst langgedienter Mitstreiter. Auch Maurice Ravels *Boléro* wurde auf der letzten Tour, wie man heute modisch sagt, ›dekonstruiert‹. Für Zappa war alles das bereits tote Musik; was im Kaufhaus erklingt und wozu noch der letzte Redneck in Wyoming das Tanzbein schwingt.

Es muss allerdings zwischen expliziten Parodien bzw. Zitaten und einer eher impliziten Ebene unterschieden werden. Sickert diese tote Musik hinab in das kollektive Gedächtnis, entstehen, wie Zappa sagte, »archetypische amerikanische Musikikonen«, an die sich jeder, allerdings oftmals nur unspezifisch, erinnern kann. Er zählte dazu »Louie Louie«, Stücke der BEACH BOYS, »Chattanooga Choo Choo«, bedrohlich klingende Tonfolgen, ›als ob der weiße Hai kommt‹, und vieles mehr. Diese Zitate sind bei Zappa seit Anbeginn in Gebrauch und können jederzeit auftauchen. Ein Extrembeispiel ist der Jesse Jackson, dem in den achtziger Jahren zweifach erfolglosen Bewerber um die demokratische Präsidentschaftskandidatur, gewidmete Titel »Rhymin' Man« von der *Broadway the Hard Way*. Zappa treibt hier seine Liebe zum musikalischen Zitat und der Parodie auf die Spitze, doch besagt der bloße Nachweis, ›dass es möglich ist‹, noch nicht viel. Tatsächlich stehen Motive und Kontexte des zitierten Fremdmaterials in einer kommentierenden Funktion zu Zappas Text; der »Rhymin' Man« gibt also eine Variante von seinem grundsätzlichen Bemühen, Sprache und Musik möglichst eng zu verzahnen.

»Rhymin' Man«

Obwohl der Inhalt schnell benannt ist, muss er erläutert werden, allein schon, weil die Ereignisse mehr als dreißig Jahre zurückliegen: Eine sich naiv gebende Erzählinstanz entlarvt den großgewachsenen, schwarzen Bürgerrechtler, »tall and tan«, als profilneurotischen und ressentimentgeladenen Vertreter des Establishments mit Hang zu fragwürdigen ›Freunden‹ und unseriösen Medienstrategien. Jesse Jackson als »Rhymin' Man«, dem Zappa ausgerechnet ein Country-Stück widmet, das lose auf Hank Williams' »Mississippi Mud« aufbaut, sage mal dies, mal das, gemeinhin ohne Verstand: »Rhyme on this – rhyme on that / Oh, you naughty Democrat!« Das Jacksons Karriere begründende Manöver, nach der Ermordung Martin Luther Kings in Memphis 1968 tagelang in einem blutverschmierten Pullover Interviews zu geben, entpuppte sich bald als vermeintlich clevere Inszenierung, denn Jacksons Beteuerung, King sei in seinen Armen verstorben, entsprach nicht der Wahrheit. Zappa kommentiert das musikalisch mit der Hookline von

★ *Mission Impossible* (0:42–0:45).

Darauf erklingt zum Reim von »evil plot« und »the Doctor's blood« die in den USA allbekannte Melodie von

★ *The Untouchables* (0:50–0:54),

einer Krimiserie um die Mafia von 1959–63, womit Jackson bereits an dieser Stelle auf untergründige Weise kriminalisiert wird. Dessen Präsidentschafts-Ambitionen (»made a run for Prez«) begleitet die Band mit

★ »Happy Days Are Here Again« (1:44–1:45, 1:48–1:51, in Dur),

seine für den 1984 im ersten Anlauf anvisierten Wahlerfolg jedoch verheerende Nähe zu dem afroamerikanisch-islamistischen Louis Farrakhan, die Jackson zum »clown« habe geraten lassen, mit

★ *Entrance of the Gladiators* (1:54–1:56),

dem weltweit bekannten ›Zirkus-Motiv‹ – das immer zum Einsatz kommt, wenn Artisten und Spaßmacher in die Manege einreiten bzw. hineinstolpern. Jacksons höchst unbedachte Verunglimpfung New Yorks als »Hymie-Town« (etwa ›Juden-Kaff‹) im selben Jahr, das ihn als Antisemiten outete, unterlegt Zappa mit dem aufsteigenden Motiv des sehr populären jüdischen, anlässlich der britischen Besetzung Palästinas 1917 als Grundstein des späteren Staates Israel komponierten

★ »Hava Nagila« (»Lasst uns glücklich sein!«) (1:59–2:02),

Jacksons Bemühungen um das höchste politische Amt der USA jedoch mit dem Zitat von

★ »Hail to the Chief« (2:04–2:07),

dem Präsidialsalut, der beinahe alle öffentlichen Auftritte des Staats-
chefs begleitet. Jacksons Kontakte zu Jassir Arafat hingegen werden
durch das absteigende Motiv wieder von

★ »Hava Nagila« (2:09–2:12)

kommentiert; bösartig und hintersinnig zugleich, da so die gesamte
Nahost-Problematik heraufbeschworen wird. Seine Beziehungen zu
Fidel Castro werden gleich im Anschluss mit

★ »La Cucaracha« (2:14–2:17),

also passend lateinamerikanisch illustriert. Die zweimalige Niederlage
beim Entscheid über die Kandidatur insgesamt, nun aber über Tonart
und Interpretation ›absteigend‹ und damit den zeithistorischen Ereig-
nissen genau entsprechend, wird mit

★ »Happy Days Are Here Again« (2:45–2:47, in Moll)
und 2:49–2:51 (dekonstruiert)

verballhornt. Jacksons Halbwahrheiten und sein im Ganzen unge-
schicktes Agieren (»Any fool can make a rhyme«) korrespondiert
sodann mit

★ »Bruder Jakob«, zunächst zweistimmig in Moll (2:55–2:58),
wodurch sich das Feeling eines Trauermarschs einstellt, dann
noch einmal mit Emphase (3:01–3:03).

Anschließend zielt Zappa unter die Gürtellinie, wenn er Jacksons
Aktivitäten mit »horse manure« (Pferdemist) assoziiert, aus dem
Country-Songs – also auch der »Rhymin' Man« selbst! – nach seiner
Ansicht bestehen. Dass die Fans dieser Musik nun gerade keine Sym-
pathien für schwarze Bürgerrechtler hegen, die Äußerungen beider
aber aus derselben Substanz gearbeitet sind, hat der Hörer spätestens
jetzt wissend zu ergänzen. Als wäre das nicht anspruchsvoll genug,
unterlegt Zappa diese Verse mit dem Riff von The Knacks

★ »My Sharona« (3:04–3:12),

hinter dem eine private Anekdote steckt. Zappa hat das prägnante Riff immer wieder als Paradebeispiel für ›Radiomüll‹ zitiert, zudem wurde es von den Newcomern bei Village Recorders 1979 im Nachbarstudio eingespielt, als er dort mit *Joe's Garage* beschäftigt war. Später belästigte ihn der Bandchef Doug Fieger am Flughafen mit der Prophezeiung, The Knack werde ganz sicher eine *große* Band. Zappa soll sich, um es milde zu formulieren, skeptisch geäußert haben; wie man heute weiß, blieb es der einzige Hit der Combo.

Ähnlich wie das assoziative Spiel mit Pferdemist und Country-Musik verzweigt sich das Finale doppelt, zu »Are you ›this‹? / Or are you ›that‹?« erklingt hier mit

★ »Hallelujah, I'm a Bum« (3:37–3:48)

ein Folksong von 1928, in dem ein frisch aus der Haft entlassener Outdrop über die Dörfer zieht. Ist das Jacksons, immerhin eines Predigers, vorweggenommenes Ende – oder eine Anspielung auf seinen schwerkriminellen Halbbruder Noah R. Robinson, für dessen Begnadigung er sich immer wieder vergeblich einsetzte? Dass hier bewusst mit der Zweideutigkeit gespielt wird, kann nicht ausgeschlossen werden. Damit allerdings nähme Zappa Jackson in eine Art Sippenhaft – politisch genauso unlauter wie dessen Umtriebe. So schlösse sich der Kreis im Wahljahr 1988; Zappas Kommentar steht an Schärfe hinter den üblichen medialen Schlammschlachten gewiss nicht zurück, nur verabreicht er ihn als ausgetüfteltes ästhetisches Konstrukt von erheblicher Komik.

Ebenso wichtig wie diese kompositorischen Strukturmomente sind Modus und Stil. Schon die MOTHERS wurden auf Zappas berühmte Handzeichen gedrillt, von denen er ein ganzes Alphabet entwickelte. »Wenn ich so tue, als würde ich an der rechten Seite meines Kopfes Rastalocken um den Finger wickeln, heißt das: ›Spielt Reggae.‹ Die gleiche Bewegung auf beiden Seiten bedeutet: ›Spielt Ska.‹« Der beherzte Griff ans Gemächt war keine Parodie auf Michael Jacksons Pose, sondern signalisierte ›dicke Eier‹, worauf Heavy Metal intoniert werden musste, ratloses Kratzen am Oberkopf verlangte »Weather Report« im Stil der berühmten Fusion-Band um Joe Zawinul. »Während jedes Songs, ganz gleich, in welchem Stil er einstudiert wurde, kann ich mich aus einer Laune heraus umdrehen und der Band ein Zeichen geben, und sie wird den Stil entsprechend ändern. [...] Jeder in der Band weiß, welche Normen und ›notwendigen Manierismen‹ für den jeweiligen Musikstil gültig sind, und wird sofort einen Song in diesen ›musikalischen Dialekt‹ übersetzen.«

Die Ironie der Ironie ist freilich, dass Zappas Adaptionen von Rhythm 'n' Blues, Hard Rock, Reggae usw. so brillant musiziert sind, dass Originalsongs des jeweiligen Genres dagegen oft verblassen. »If Only She Woulda« von der Platte *You Are What You Is* ist ein besserer DOORS-Song, als ihn die Truppe um Jim Morrison je hinbekommen hätte, und die Blues-, Soul- und Doo-Wop-Interpretationen mit Ray White und/oder Ike Willis als Leadsänger machen den Genres alle Ehre, erst Bobby Martin bringt »Whipping Post« von den ALLMAN BROTHERS zum Leuchten. Angesichts dieser Vielfalt und des hohen Niveaus wird klar, warum Zappa vor einer Tour Monate mit Proben verbrachte und in den letzten Jahren stets weit über hundert Titel als Live-Repertoire einstudiert wurden. Diese Art der ›Musikererziehung‹ hatte natürlich auch ihren Preis. »Er probte uns zu Tode«, gab Peter Wolf zu Protokoll, »[s]o habe ich nie wieder in meinem Leben geprobt. Er packt dir all diese Musik auf, ein Stilkonglomerat: Fünfziger-Jahre-Rock-'n'-Roll, New Wave, Jazz, Béla Bartók, griechische Folklore und komisches Zwölfton-Zeug. Das muss alles sitzen, und du musst damit auch noch schnell und spontan umgehen können.« George Duke erinnerte sich noch nach zwanzig Jahren, dass er oft gegen Mittag zur Probe erschien, um sie nicht vor sieben oder acht Uhr am nächsten Morgen wieder zu verlassen, Murphy Brock verglich das Hineinfinden in Zappas Stücke mit dem Erlernen einer komplizierten Fremdsprache. Hartnäckige Gerüchte um Strafgelder für Bandmitglieder bei wiederholten Fehlern, die Zappa persönlich übelnahm, und ähnlichem ›Versagen‹ konnten inzwischen zumindest teilweise verifiziert werden. Wie Adam Greenaway festhält, hätte Albert Wing beinahe für das Fehlen bei der Probe an einem Abend der 1988er Tour ohne Bezahlung gespielt; dass Zappa bei Krankmeldungen schon seit den Zeiten der MOTHERS OF INVENTION ärztliche Atteste verlangte, war bereits länger bekannt.

Dabei führte Zappa seine Musiker an ihr Limit und darüber hinaus – erst dann sei es wirklich interessant geworden. »Ich bin zugleich die übelste und die beste Person, für die du arbeiten kannst. Ja, es gibt Tyrannei und persönlichen Missbrauch. Das erzeugt den gewünschten Effekt«, entsprechend sei seine Band »die beste Musikschule in Amerika«. Tatsächlich hatte derjenige, der einmal bei Zappa gespielt hatte, fortan meist keinen Grund mehr zur Klage über fehlende Beschäftigung: Terry Bozzio war (und ist) seit seiner Zeit bei Zappa einer *der* Rockschlagzeuger mit eigener Fangemeinde; Steve Vais Karriere als Heavy-Metal-Gitarrist nahm einen kometenhaften Aufstieg; Adrian Belew wurde, sehr zum Ärger Zappas, von David Bowie weggengagiert; Warren Cuccurullo spielte bei DURAN DURAN; Chad Wackerman saß 1986 bei Barbra Streisands Benefizkonzert in ihrem eigenen Garten am Schlagzeug; Chester Thompson wurde der langjährige Tour-Drummer bei GENESIS.

Doch Zappa war nicht nur ein einschüchternd eloquenter Performer von, wie Ruth Underwood sagte, »ever-ready spontaneity«, sondern – erst recht nach der Einrichtung der Utility Muffin Research Kitchen – ein habitueller Studiobewohner. Barry Miles' Bildbeschreibung des mit einer Stange Zigaretten, literweise Kaffee und Rasierklingen (um die früher noch üblichen Analogbänder zu schneiden) bewaffneten Zappa liefert die archetypische Situation am Arbeitsplatz. Hier war er ungestört, hier ging es nur um seine Sache.

Seit Zappa die Studioeinrichtung Paul Buffs Anfang der sechziger Jahre übernommen hatte, war er mit der damals avantgardistischen Fünfspur-Anlage ausgerüstet und ließ nicht mehr davon ab, sich detailliert mit Aufnahmetechniken und dem dafür nötigen technischen Know-how zu befassen. Seine frühen Sound-Tüfteleien, in nächtelanger Kleinarbeit kompiliert und noch heute beeindruckend zu hören, sind legendär und bleiben, wertet man sie als historische Dokumente, unerreicht, obwohl man sie heute mit jedem leistungsfähigeren Computer sehr viel einfacher nachbauen könnte. Alle für Zappa tätig gewesenen Musiker betonten im Rückblick seine verblüffende Kompetenz im Umgang mit den Materialien. Im Studio entstand oftmals in wenigen Minuten aus einem Riff oder Geräuschschnipseln, aus einer komischen Bemerkung eines Bandmitglieds oder einer Nonsens-Textzeile der Rohbau von später komplex arrangierten Stücken, die in Nachtschichten nur noch, so Zappas Ausdruck, ordentlich »gebuttert« wurden.

> »Tobacco ist my favorite vegetable.«
>
> Zappa in der *Today Show* 1993, kurz vor seinem Tod

Komplexität und Bizarrerie:
»What's New in Baltimore?«

Dieser Song wurde seit etwa 1981 live gespielt und fand vier Jahre später seinen definitiven Platz auf der *Mothers of Prevention*. Seine Entstehung ist, wie so oft bei Zappa, Resultat von Einfall und Entwicklung, »call and response«, hier mit Steve Vai. Dieser teilte in einem Interview mit, wie Zappa ihm im Stile von ›kannst du dies?‹ und ›kannst du das auch?‹ auf der Gitarre Tonfolgen zuspielte und über Vai, der um keine Antwort verlegen war, immer weiter ausbaute, bis sich eine bizarre Struktur ergab. Tatsächlich ist der Umstand, dass das Stück auf einer Gitarre komponiert wurde, erkennbar, denn die Grundstimmung der Saiten (E – A – D – G – H – E) legt die melodische Idee nahe; ein Pianist wäre kaum auf diesen Einfall gekommen.

Um mit einem Bild zu beginnen, »Baltimore« wirkt mit seinen charakteristischen, scheinbar ziellosen motivischen Auf- und Abwärtsgängen wie die Situation auf dem Rolltreppenlabyrinth eines fremden Flughafens. Vier- und Fünfklangsbrechungen in Achtelbewegungen, vorherrschend in e-Moll, die sich zappatypisch in meist gebrochenen Takten (Wechsel von 5/8, 4/8, 6/8, 3/8, 4/4, 3/4) realisieren, scheinen willkürlich, sind aber kohärent: Es klingt komisch – und doch richtig. Dies liegt v. a. daran, dass Zappa mit maximal nichtverwandten Akkorden arbeitet und Instrumente wie Keyboard, Vibraphon, Marimba sowie Sitar unisono führen lässt. Von Popmusik kennt man das, wie auch die notorischen Taktwechsel, eher nicht. Hat man sich aber in dieser fremden Dimension orientiert, entsteht so etwas wie Rundheit in der Anderwelt. Drei Blöcke sind unterscheidbar, die Ähnliches nach dem Baukastenprinzip aneinanderlegen; der erste, zerfallend in A- und B-Teil, leistet die motivische Arbeit, der zweite Block gibt ab 1:26 ein sehr wahrscheinlich von Tommy Mars auf einem ARP Odyssey gespieltes, modales Synthesizer-Solo, bis in Tempo-Verdopplung, dann sogar Verdreifachung zum dritten Block aufgeschlossen wird, einer hymnischen Entladung der aufgebauten Spannung in Zappas Gitarren-Solo auf der Fender Stratocaster in E-Dur, konstant in 3/4. Er spielt ekstatisch und doch plastisch, gewürzt mit Gospel-Aromen, lässt gleichsam den Blick schweifen von der Ostküste hinab auf die Südstaaten, Holzkirchen inmitten unendlicher, sanft bewegter Maisfelder. Auffällig ist die Zappa so wichtige, syllabische, also sprachähnliche Kontur des Solos, beinahe unmöglich, den Titel »What's New in Baltimore?« nicht in den Gitarrensound *hineinzuhören*. Ein Jahr später erschien eine schlankere Live-Version auf der *Does Humor Belong in Music?* mit gesungenem Titel vor dem Solo, um die Intuition des Hörers zu bestätigen: So hatte man sich das auch gedacht.

Aber wie kam das Kind zu seinem Namen? Mein Vorschlag ist, dass es sich hier um eine Art Vermächtnis auf gedrängtem Raum handelt, denn Zappa und die amerikanische Nationalhymne »Star-Spangled Banner«, prominent bereits von Jimi Hendrix zerlegt, wurden in Baltimore geboren, der eine

1940, die andere 1814. Daher vielleicht das hohe Pathos des Gitarren-Solos nach einer Probe von Musik als Synthese, Verdichtung, Integration, *sein* Bekenntnis zur Nation – auf einer dezidiert politischen LP, deren Cover-Rückseite eine Karikatur schmückt, in der die amerikanische Verfassung am Schreibtisch des Präsidenten durch den Fleischwolf gedreht wird. So ist »Baltimore« als Zappas ureigen-bizarrer Vorschlag einer wahren, zeitgemäßen Nationalhymne hörbar und lässt sich rückblickend dazu noch als Anfang und Ende lesen, denn es handelt sich chronologisch um das letzte mit einer ›echten‹ Band im Studio eingespielte Stück seiner Karriere. Das freilich konnte er 1985 noch nicht wissen.

Pflichtübung: »Conceptual Continuity«

Zappa war einer der wenigen, wenn nicht der einzige Rockmusiker, welcher sein Schaffen mit einer ›Theorie‹ überwölb-
te, der seit jeher umstrittenen »Conceptual Continuity«. Bei
ihm mochte sein Hang zu technizistischen, ja szientifischen
Vokabeln dazugekommen sein. Er behauptet für sein Gesamt-
werk, es sei von Anbeginn stimmig kalkuliert; alles, selbst die
Zufallsmomente der Bühnen-Shows und kreativ-komposito-
rischen Prozesse, sei Teil eines großen Plans. Das ominöse
»Project/Object«, also Zappas Generalkonzept, das er übrigens
nie im Zusammenhang erläuterte, datiere zurück in die Jahre
1962/63, und der Aufbau der MOTHERS – auch ein ›Projekt‹ –
habe ungefähr eineinhalb Jahre an planendem Vorlauf benö-
tigt, allein schon, bis die richtigen Musiker gefunden worden
seien. Wie Zappa rückblickend immer wieder behauptete, sei
»Grand Design« intendiert gewesen: Planung und Zufall,
Statistik und Unwägbarkeit gehören zusammen, so dass jedes
Album, jeder Auftritt, jedes Interview, jeder einzelne Musiker
Teil eines von langer Hand geplanten Entwurfs, eben der
»Conceptual Continuity«, sei. Was immer Zappa hier hinein-
geheimnist hat: Derart universalistische Ansprüche neigen
unverkennbar zur platten Tautologie, denn es ist schlicht tri-

vial, vorab (oder im Nachhinein) zu erklären, dass alles so kommen wird bzw. sollte, wie es dann auch geschehen ist. Schon Volker Rebell bemerkte diese »Großspurigkeit«, hinter der nur eine »schlichte, ja banale Grundaussage« stehe, nämlich »die Vorstellung von einer Endloskette ineinandergreifender Entwicklungsschritte«. Mehr steckt wohl tatsächlich nicht dahinter. Zudem widerspricht Zappas andere, gelegentlich ausgegebene Direktive, »anything anytime anyplace for no reason at all« (AAAFNRAA), eher dadaistisch ganz klar jeder Art von Kontinuität, die ›ohne jeden Grund‹ ja niemals zustande käme. Dies kann man auch ohne fortgeschrittene Logikkenntnisse bemerken, es ist aber, soweit ich sehe, bisher niemandem aufgefallen. Wie alle Selbstaussagen Zappas muss man also gerade seine ›theoretische‹ Ortsbestimmung mit sehr spitzen Fingern anfassen.

Der Musikwissenschaftler James Borders vertritt, ausgehend von einer formalen Analyse, eine alternative und vielleicht auch konkretere Sichtweise: Generell bewege sich schon der frühe Zappa vom bloß inhaltlichen hin zum musikalischen Konzeptalbum, das kompositionell von Strawinskys wiederholender Variation inspiriert sei. Anhand besonders der avantgardistischen Alben bis zu *Burnt Weenie Sandwich* kann Borders zeigen, dass Zappa eine eigenständige »Rondo-Variationsform« entwickelte – und genau sie sei die Realisation seiner konzeptionellen Kontinuität, von der Zappa allerdings nach *Burnt Weenie Sandwich* gelassen habe, da seine Hörer überfordert gewesen seien und obendrein der kommerzielle Erfolg ausblieb. Diese Position hat auch insofern etwas für sich, als Zappa mit »Stinkfoot« exakt 1974, eben auf dem Höhepunkt seiner Breitenwirkung, die geheimnisvolle konzeptionelle Kontinuität ad absurdum führte, indem er sie mit einem

Pudel – beim mittleren Zappa Metapher für alles Absurde – so lange verhandelte, bis sie im Mumpitz versank: »The poodle bites / The poodle chews it«.

Sicher ist nur, dass der Komponist Zappa sich nicht ausschließlich in einer Rockband zu artikulieren gedachte, sondern das große Orchesterwerk zum Maximalziel zählte. Dennoch hat er den Begriff konzeptioneller Kontinuität wohl nicht ganz ohne Bedacht gewählt. Zappa war schon immer der Verwalter und Historiker seines eigenen Universums und schöpfte – im buchstäblichen Sinn – aus bereits vorhandenen Aufnahmen, Motiv- und Textideen, Melodien und Riffs, die zum Teil jahrelang im Archiv ruhten, um bei passender Gelegenheit erstmals oder erneut verwendet zu werden. Aus der Hochliteratur ist diese zyklisch-rekursive Produktionsweise seit langem bekannt: Schon Émile Zola, James Joyce und Günter Grass etwa bewegten in ihren Hauptwerken ein Personenensemble, das im Kern konstant bleibt, dessen Hauptvertreter jedoch mal ins Zentrum, mal an die Peripherie des Geschehens treten, hybride Vereinigungen eingehen, seltsam grotesken Mutationen unterliegen und sich auch ganz schlicht fortpflanzen. Zappa selbst bezeichnete seine Einfälle tatsächlich als Romanfiguren, die immer wieder auftauchen können. Ein Beispiel: »potatoe-headed Bobby« etwa findet erstmals in »San Ber'dino« vom 1975er Album *One Size Fits All* Erwähnung, doch wird es bis *Thing-Fish*, also 1984, dauern, bis das Motiv anlässlich der »Mammy Nuns« (»Head like a potatoe / Lips like a duck«) zu voller Geltung gelangt. Ein anderes Beispiel: Ein Industriestaubsauger geistert zehn Jahre durch Zappas Werk, von *Chunga's Revenge* bis zu *Joe's Garage, Act II & III*, wo er als Sy Borg eine Mutation mit einem verchromten Sparschwein eingeht. Oder: Zappa nannte Songs »Mr. Green Genes«, »Son of Mr. Green Genes«, »The Return of the Son of Monster Magnet«; auch die Titelstücke der Dreierbox *Shut Up 'n' Play Yer Guitar* (an drei aufeinanderfolgenden Abenden im London des Februars 1979 aufgenommen, alle drei auf der Gibson SG intoniert) folgen diesem Prinzip der zusammenhängenden Betitelung. Dahinter steckt mehr als eine bloße Marotte, auf Sequels von billigen Horrorfilmen aus den fünfziger Jahren anzuspielen: Nichts war für Zappa endgültig abgetan, alles konnte jederzeit in neuen Varianten reanimiert werden.

Ein von *Newsweek* wegen »zu hoher Idiosynkrasie« abgelehnter Artikel wanderte in den Innenteil des Covers von *You Are What You Is*, obwohl ein Foto der Band eigentlich überfällig war (dieses gab es dann auf einer Single); die »Porn Wars« auf *Zappa Meets the Mothers of Prevention* von 1985 wurden mit Material aus den späten Sechzigern überschnitten; noch das posthum erschienene Album *Civilization Phaze III* war als Wiederanknüpfung und Kommentar zum Album *Lumpy Gravy* (1968) gedacht. Daher gibt es bei Zappa auch keine Aversion gegen die alten Stücke, wie man sie von den ROLLING STONES und Bob Dylan kennt, die sich jahrelang weigerten, »Satisfaction« oder »Knockin' on Heaven's Door« anzustimmen. Selbstkritik war Zappa unbekannt, im eigenen Schaffen dagegen alles von gleicher Güte, aus dem einfachen Grund, weil es von *ihm* stammte. Höchstens ein ignorantes (Kritiker-)Publikum sorgte dafür, dass ein Album mal »nicht sonderlich erfolgreich« gewesen sei, am Produkt selbst konnte es unmöglich liegen – und selbst das ist noch als Erbschwäche des Formalismus lesbar, der sich für Variation, Abwandlung und Verfremdung traditioneller Muster interessierte, während er für Inhalte oder ›Substanz‹ kein rechtes Interesse aufbringen konnte.

Aus einem Melodiebogen einer älteren Komposition entsteht, oftmals live, ein neuer Song, ein Solo enthält ein prägnantes Riff, aus dem ein weiteres eigenständiges Stück hervorgeht. Zappas Produktionsästhetik lässt sich also als mäandernd-aleatorisch bezeichnen, obwohl er den Zufall, wiederum in dadaistischer Tradition, nur in Grenzen zuließ. Dieses Prinzip lässt sich leicht nachvollziehen, wenn man zwei bestimmte Songs nacheinander hört: Aus der Coda von »Holiday in Berlin« wird »Easy Meat«, aus einem Solo von »City of Tiny Lites« entsteht die Idee für »Outside Now«, aus einem Bühnendialog anlässlich von »Call any Vegetable« generiert sich die »Groupie Routine«; »Little House I Used to Live in« mutiert zu »Penis Dimension«, das Minimoog-Solo »Lonesome Electric Turkey« ist eindeutig eine aus dem Kontext gelöste »King Kong«-Improvisation, aus »Go Cry on Somebody Else's Shoulder« entsteht sechzehn Jahre später, mit neuem Text versehen, das »Rubber Girl«, die Rhythmuspassagen von »Stinkfoot« fungieren auch als Untermalung der 1977er »Poodle Lecture« usw. Oftmals wurden Gitarren-Soli aus dem Song-Kontext extrahiert, konnten aber auch von vornherein als eigenständige spontane Statements intendiert sein, meist bei der Eröffnung eines Konzerts (»Now You See Me – Now You Don't«; »Ancient Armaments«). Unter derlei Höreindrücken lässt sich leichter verstehen, warum Zappa sein Schaffen als konzeptionelle Kontinuität begriff. Sein motivisch-musikalisches Universum war *ständig* in Bewegung, ja dehnte sich aus, und alles kam von ihm oder wurde angeeignet, war also prinzipiell von unbezweifelbarer Qualität.

Zwar wollte Zappa immer möglichst viele Facetten seines Werks publizieren, keine aber vollständig. Etliche Stücke wurden erst Jahre nach ihrer Live-Erprobung veröffentlicht – oder gar nicht. Ein besonders krasses Beispiel ist die »Sofa«-Story mit deutschsprachigen Einlagen von ungefähr 1970. Zappas absurde Schöpfungsgeschichte vom dicke Zigarre rauchenden lieben Gott, der ein großes kastanienbraunes »Sofa« erfindet, das zudem noch identisch mit dem fettleibigen Leadsänger Mark Volman ist, konnte auf *One Size Fits All* von 1975 nur völliges Unverständnis hervorrufen, obwohl es sogar als Covermotiv dient. 1978 fand es sich als Instrumental auf *Zappa in New York*, da, so der Kommentar, *One Size* »not very popular« gewesen sei. Erst 1980 wird das Motiv auf *Joe's Garage, Act II & III* in einen nachvollziehbaren Kontext gerückt, allerdings ohne dass sich der Song »Sofa« selbst noch einmal fände, sondern lediglich »Stick It Out«, jetzt wieder mit deutschen Versen; auf dem Sofa kopuliert Joe nun mit einem »pansexual roto-plooker«. Dass der Sofa-Komplex bereits 1970 entwickelt wurde, erfuhr man hingegen erst 1988, auf *You Can't Do That on Stage Anymore, Vol. 1*. Dieses Anreichern der Veröffentlichungen mit »secret clues« bei gleichzeitiger Verdunklung des eigentlichen genetischen Zusammenhangs, das Anbieten von Nüssen, an denen die Fans zu knacken haben und die sie nötigen sollen, die Makrostruktur des Werks aufzuhellen, ja, die gezielte Verrätselung der Werkentwicklung und -bedeutung war tatsächlich seit den Anfängen Zappas Strategie – und ein Grundverfahren der Klassischen Moderne. Dies auch ist die Funktion der Sprechblasen auf den Covers der frühen Alben, die untereinander, zum Teil vorausweisend, Bezug nehmen: »Is this Phase one of Lumpy Gravy?«, fragt *In It For The Money*, da *Lumpy Gravy* zwar früher entstand, aber später erschien, oder, auf *Ruben And The Jets*: »Is this the Mothers of Invention recording under a different name in a last ditch attempt to get their cruddy music on the radio?« Wie verdünnt auch immer, erkennbar ist hier noch die romantische Tradition des das Schicksal des Werks vorwegnehmenden Selbstkommentars.

Frühe Einlassungen zu Zappa zeigten sich oftmals irritiert darüber, dass er die ästhetische Werk-Kategorie ganz unkritisch für sich in Anspruch nahm. Denn die Rede vom Werk schien zwingend eine intensive Totalität, eine organische Struktur zu behaupten und daher skandalös nach Klassizismus zu riechen. Das wollte nicht recht zu einem Musiker passen, dem sein Ruf als Freak und Bürgerschreck stets vorauseilte, zumal die damalige Debatte um die historischen Avantgarden davon ausging, dass der Akt der schockierenden Provokation gerade kein ›Werk‹ sei, sondern es ersetze.

»Sehe ich etwa aus wie Establishment?«

Zappa 1971 in einer Dokumentation für das niederländische Fernsehen

Allerdings war Zappa wohl niemals so naiv, an die Ineinssetzung von Kunst und Leben zu glauben, die man in den Theoriebildungen der siebziger Jahre den Avantgarden als Absicht unterstellte. Es gibt zahlreiche Interpreten, die den LP-Titel *We're Only In It For The Money* als ganz unironisches Bekenntnis lesen.

Mittlerweile sehen sogar avancierte Positionen wie die systemtheoretische Ästhetik, die das Artefakt in Medium-Form-Differenzen umdefiniert und als Kommunikationsangebot begreift, keine Alternative mehr zum Werkbegriff. Er muss keineswegs traditionell klassizistisch gefasst werden. Zappas ist der einer relativen Homogenität von nichtbeliebig vernetzten Elementen, teils lose, teils strikter gekoppelt. Ein gewisser Anteil der Song-Strukturen und -Charakteristika bleibt erhalten, damit der Hörer überhaupt Bezüge herstellen kann, gut nachzuvollziehen etwa bei Stücken, die Zappa jeweils mit Band, Orchester und über den Computer einspielen ließ. Genau dies erlaubt die ›losere Kopplung‹, Kombination des Altbekannten mit Überraschendem, auch höchst Befremdlichem; Konzert-Favoriten erklingen im runderneuerten Arrangement, ursprünglich rein Atonales erhält als Unterlage einen Disco-Beat, ein Melodiebogen wird unerwartet pantomimisch getanzt statt gesungen, das Gitarren-Solo übernimmt die Querflöte, es wird auf der Grundlage eines markanten Riffs anderer Bands weit über zehn Minuten ausgedehnt oder ganz gestrichen, Nonsens-Texte oder Gags zu aktuellen Anlässen ersetzen oder variieren den üblichen Refrain, ein kompliziertes Instrumentalstück wird a capella dargeboten – und so weiter. Dies unterscheidet ihn von rein aleatorischen Positionen und den Sprachexperimenten etwa der Konkreten Poesie. Der einzelne Song hat immer nur als relative Einheit, zeitlich fixierte Probe einer definierten Menge von Tönen und Motiven zu gelten, daher auch der ungewöhnliche Hinweis auf die Erst-veröffentlichungsorte und -daten der Stücke auf der Serie *You Can't Do That on Stage Anymore*. Entscheidend ist für Zappas Werkverständnis die Entwicklung der *Gesamtheit* seines künstlerischen Arsenals, wozu gelegentlich, wie 1984, sogar die Cover-Gestaltung dreier aufeinanderfolgender Alben durch den Maler Donald Roller Wilson zählen konnte. Musikalische Formen, Songtexte, Motivkomplexe überhaupt waren nur relative Einheiten, grundsätzlich variierbar, doch eine wenn auch nur noch minimale Wiedererkennbarkeit blieb stets erhalten, Voraussetzung wiederum für die »Conceptual Continuity«. Dazu passt, dass Zappa an der Interpretation seines eigenen Werkverlaufs deutlich interessierter als andere Musiker war – eine weitere Form der unendlichen Beschäftigung mit sich selbst. Die ›vertauschte‹ Reihenfolge von *Lumpy Gravy* und *In It For The Money* muss auf dem Cover von *Money* per Sprechblase zum Ausdruck gebracht werden; das Album *Chungas's Revenge* kündigte ausdrücklich den Film *200 Motels* an; auf dem Live-Album *Just Another Band From LA* teilte er mit, dass sich in der Cover-Gestaltung »visual similarities« zu *Uncle Meat* und *Ruben & The Jets* fänden, damit man nicht vergäße, mit wem man es zu tun habe (und vielleicht noch einmal nachsehen/-hören muss). Auf *Sheik Yerbouti* wird vermerkt, dass schon der Song »Friendly Little Finger« auf *Zoot Allures* xenochronisch, also durch Zusammenschnitt von Tonspuren aus völlig unterschiedlichen Kontexten, gebaut wurde (warum nicht gleich diese Info?); 1981 entschuldigte sich Zappa auf dem Album *Tinsel Town Rebellion* für die drittmalige Veröffentlichung von »Peaches en Regalia« (unter Nennung der beiden Alben, auf denen sich das Stück bereits fand), diese Variante sei so bizarr, er könne nicht anders, als auch sie zu Gehör zu bringen. Für Zappa hing eben alles mit allem zusammen. Da dies aber niemals beweisbar und der kreative Prozess auch nicht zur Gänze abbildbar ist, firmierten Zappas Veröffentlichungen immer schon, besonders deutlich aber in den späteren Jahren, als Querschnitte der kritischen Masse seines Materials zu einem gewissen Zeitpunkt. Deshalb sind die wiederholten Publikationen von Songs in immer neuen, oft radikal gewandelten Versionen erhellend, sie vereinfachen den Vergleich von Entwicklungsschritten. Ein Seitenblick auf die bildenden Künste drängt sich geradezu auf: Claude Monet als Haupt der französischen Impressionisten entdeckt zu Beginn der 1890er Jahre das Prinzip der Serialität und malt *ein* Motiv in Dutzenden Versionen, doch zu verschiedensten Tageszeiten (*Die Kathedrale von Rouen, Heuschober,*

London- und Venedig-Ansichten Anfang des 20. Jahrhunderts); Picasso dekonstruiert in einer langen Reihe Velázquez' *Las Meninas* – und beinahe jeder Comiczeichner entwickelt bald ein Formenvokabular, immer wiederkehrende Posen und Figurationen seiner Helden. Veröffentlichte Zappa ein Stück erneut, hatte es prinzipiell eine gewichtige Veränderung, Rundumerneuerung oder gar Totalverfremdung erfahren: Aus seinen letzten Jahren ist sicher am bemerkenswertesten das aufwendige Neuarrangement von ungefähr hundertzwanzig Stücken für die Bigband-Tour von 1988 – Zappa befürchtete, dass ansonsten die Hälfte der Musiker die meiste Zeit des Abends untätig auf der Bühne herumstehen könnten, da sie lediglich bei den Refrains zum Einsatz kämen.

Alles gehörte zusammen, daher auch keine Revisionen oder Eingeständnisse von Irrtümern durch Zappa – sie müssten sich ja im Werkverlauf als konzeptionelle Kontinuität wie eine Erbkrankheit fatal fortsetzen, gar potenzieren.

Das Betriebsgeheimnis von Zappas Werkbegriff ist wohl nicht mehr und nicht weniger, als dass er den Hörer an seiner Entwicklung möglichst unmittelbar teilhaben lassen wollte, allerdings ohne jemals die Karten vollständig auf den Tisch legen zu wollen oder auch nur zu können. Distanzierte Intimität – erstaunlicherweise konnte Zappa, der für einen Rockstar so wenig Glamour oder Privates, eben keinerlei Popkultur, bot, über die Jahrzehnte eine ansehnliche Menge von Fans halten (von denen einige sogar mit ihm in Kontakt traten, um Datierungsfehler zu korrigieren: echte Philologie), die *ausschließlich* an seiner Musik interessiert sein konnten, denn als *Bravo*-Starschnitt kam er natürlich kaum in Frage. Das Werk entpuppt sich so im Kern als gesteuerte, quasi-objektive Dokumentation. Mit einem regelmäßigen Werkstattbesuch darf man dies jedoch nicht verwechseln. Selbstverständlich ist jede Auswahl bereits Interpretation, und die alleinige Entscheidung darüber, was der Fan zu hören bekommen sollte, behielt sich Zappa natürlich vor. Sein Zorn auf die Bootlegger, die illegale Mitschnitte wie *Zappa live in Paris 1977* oder *Frankie in Düsseldorf* unter die Leute brachten, gründete wohl weniger auf dem finanziellen Nachteil, den sie ihm bereiteten, unerträglich aber war Zappa, dass sie die Deutungshoheit über sein eigenes Werk unterliefen: Unautorisierte Veröffentlichungen machten ihn rasend.

Großprojekte

Zappa hatte viel Spaß daran, seiner Band das beinahe Unmögliche abzuverlangen; dies ist die Voraussetzung für seinen Stolz besonders der letzten Jahre, zahllose Live-Aufnahmen ohne Overdubs, also spätere Retuschen, veröffentlichen zu können. Die Kehrseite war seine notorische Fehleinschätzung eigener Kapazitäten, der Sättigung des Marktes und des guten Willens seiner Plattenfirmen. Schon sehr bald, mit *Uncle Meat*, wurde Zappas Karriere begleitet von wieder verworfenen, nur halb realisierten oder ihm von der Musikindustrie aus der Hand geschlagenen Großprojekten.

Uncle Meat zum Beispiel war eigentlich der Soundtrack zu einem Film, den fertigzustellen damals das Geld fehlte. Als »aural picture« (Neil Slaven) ist die Platte aber noch immer eindrucksvoll genug und ein erstes Panorama des Zappa'schen Klangkosmos. *200 Motels* geriet, gemessen am Anspruch, zum Kompromiss, die Qualität des Films wird auf immer umstritten bleiben. Bei *Roxy The Movie*, das die legendären Aufnahmen von Anfang Dezember 1973 bringt, war die Asynchronität von Bild- und Tonspur jahrzehntelang nicht zu beheben. Auch Fremdverschulden oder ›höhere Gewalt‹ brachten Zappa zuverlässig aus der Fassung; Gail bemerkte im Beipackzettel zur nun doch erhältlichen DVD seine »frustrations and technological thwartations«: »FZ mixed and mixed and mixed away (analog quad in '74, digital stereo in '87, with *Roxy & Elsewhere* in between), but the mad cocktail was too big for the beakers of ancient algorhythmic machinations.« Wer an einer Konserve von Bühnenshows interessiert ist, wird hier mit Musizieren auf höchstem Niveau und »audience participation« (man *sieht* nun endlich auch, was beim »Be-Bop Tango« tatsächlich passierte) in intimer Atmosphäre eines Nachtklubs sowie überdimensionierten Koteletten, Schlaghosen und Batikklamotten ausgiebig bedacht.

Während seiner kumulierenden Prozesswut der Mittsiebziger lähmte sich Zappa teilweise selbst, *Zoot Allures* war ursprünglich Teil eines geplanten, dann verworfenen Doppelalbums *Night of the Iron Sausage*; der Vierer-Karton *Läther* wurde von Warner Brothers zerrissen und, nachdem *Zappa in New York* bereits zensiert veröffentlicht worden war (man fürchtete wegen »Punky's Whips« eine Klage der Teenie-Band ANGEL, deren Gitarristen Zappa grob veralberte, doch Ersterer zeigte sich im Nachhinein sogar amüsiert), der Rest als *Studio Tan*, *Sleep Dirt* und *Orchestral Favorites* ohne Credits und mit grauenhaften Cover-Illustrationen lieblos verramscht. Es dauerte drei Jahre, bis Zappa mit *Sheik Yerbouti* endlich wieder, nun auf dem dritten eigenen Label, unbehindert publizieren konnte. Zwischenzeitlich scheint er auf der Suche nach einer neuen Plattenfirma Richard Branson, den Eigner des Virgin-Labels, mit der Androhung eines 10-LP-Sets verschreckt zu haben.

Baby Snakes ist ein ›normaler‹ Konzertfilm, der einen bestens gelaunten Zappa in New York zu Halloween 1977 zeigt. Er hat mit mehr als zweieinhalb Stunden immer noch deutliche

Überlänge – und es fällt nicht allzu schwer zu sagen, wo sich diese Längen finden. Fast alle Fans lieben zwar die als Intermezzi der Konzertszenen gesetzten, grotesken Knetgummi-Animationen von Bruce Bickford, doch bei ausführlichen Spielchen mit lebensgroßen Gummipuppen und recht sinnfreien Backstage-Szenen möchte man bald abwinken.

Es folgte mit sechs LP-Seiten ein erneutes Großprojekt, *Joe's Garage*, ein Versuch im stets heiklen Genre der Rock-Oper, bei dem meist Inhalt oder Musik nicht überzeugen. Angeregt u. a. von der Machtübernahme der Mullahs im Iran 1979 (wo übrigens bis heute Populär- und Tanzmusik stärksten Restriktionen unterliegt), entwarf Zappa die negative Utopie einer lückenlos überwachten Gesellschaft, in der dem Hobbymucker Joe die Musik ausgetrieben wird. Der Gehalt gerade von *Act II & III* ist sehr dürftig und die Musik für Hardcore-Fans ungewöhnlich poppig, aber gerade rückblickend beweist das Stück Witz und subversive Spitze – besonders im Vergleich mit Pete Townshends kruder Story um *Tommy* (1969) und Roger Waters' bombastisch-klischeebeladenem *The Wall* (1979). Auffällig ist hier Zappas wiederkehrender Drang, seinen Großprojekten zum Schluss einen ironischen Tritt zu verpassen. Schon bei *Uncle Meat* ließ er als Finale das Thema von »King Kong« auf den Mundstücken von Saxophonen blasen, was eine Art Kinderliedgetröte ergibt. *Joe's Garage* birgt mit der bekannten Passage »Information is not knowledge / Knowledge is not wisdom / Wisdom is not truth / Truth ist not beauty / Beauty is not love / Love is not music / Music is the best« zwar Zappas Glaubensbekenntnis, bezeichnenderweise eine lange Reihe von Negationen, dazu noch der lasterhaften Mary in den Mund gelegt. Das Moralstück endet aber mit »Little Green Rosetta«, was natürlich auch als Sexualmetapher zu lesen ist, einem Schunkelsong von siebeneinhalb Minuten, bei dem die ganze Crew des Studios mittun durfte, ein weiteres Mal in purer Blödelei: »Because this is a stupid song / And that's the way I like it«.

Zappa plante erneut Live-Dokumentationen wie *Warts and All* als Dreier-Box, woraus nichts wurde, ebenso scheiterte ein Doppelalbum *Chalk Pie*, dessen Material dann auf die folgenden Veröffentlichungen verteilt wurde. Auf Wunsch vieler Fans erschien 1981 die erste Kompilation ausschließlich von Gitarren-Soli, *Shut Up 'n' Play Yer Guitar*, doch in den USA vorsichtshalber als drei Einzel-LPs über Mailorder vertrieben.

Thing-Fish von 1984 ist wieder ein Dreier-Karton, ein Broadwaystück als Parodie auf die Broadwaykultur, für Zappa Inbegriff des verlogenen Amerika. Mit Rahmung und Binnengeschichte, seltsamen Mutationen der Akteure und Ike Willis als kommentierender Hauptfigur in einem negroiden Dialekt (Afro-American Vernacular English), der in den USA stets Lacher erzeugt, für europäische Ohren aber sehr strapaziös ist, hat sich Zappa übernommen. Besonders aber enttäuschte, dass er größtenteils bereits bekannte Stücke lediglich mit neuen Textpassagen anreicherte. Zappa selbst hat keine Aufführung dieses Monsters, das ein Monster zum Helden hat, erlebt – eine abstruse Mischung aus Verschwörungstheorie, Verweisen auf AIDS und illegale Menschenversuche, die in den fünfziger Jahren unternommen wurden, tragiert vor der Kulisse weißer und afroamerikanischer Kultur. Seit Beginn des neuen Jahrtausends versuchen vornehmlich englische Theaterensembles, den *Thing-Fish* auf die Bühne zu bringen.

Andere Projekte – wie etwa die ›Fußball-Oper‹ *Dio Fa* zur Weltmeisterschaft in Italien 1990, vorgesehen für die Mailänder Scala – sind über den Status papierner Ideen nie hinausgelangt oder waren vielleicht von Anbeginn als Mediengag geplant. Daher bleibt auch hier ein Widerspruch, denn Zappa liebte es einerseits, sich als ausgebuffter Geschäftsmann zu geben, dem stets bewusst war, dass er *Produkte* an den Mann zu bringen hatte. Warum aber hatte er andererseits so wenig Sinn für Marktsättigung (allein 1984 erschienen ein Doppelalbum, eine Dreierbox und zwei einzelne Alben), die Empfindlichkeiten seiner Plattenfirmen und die Portemonnaies seiner Fans? Es scheint, als hätte Zappas Größen-Ego diesen Aspekt des Geschäfts, das ›Weniger ist mehr‹, zeitlebens nicht begriffen: umso größer die Enttäuschung bei überdrüssigen Fans, schlechten Kritiken und finanziellen Desastern. Erst mit der wirklich wohlüberlegten, nach überzeugenden Kriterien kompilierten Retrospektive *You Can't Do That on Stage Anymore* hat Zappa das rechte Maß im rechten Modus gefunden.

Gitarre, Gitarre, Gitarre

Die Fans wissen es natürlich: Zappa war ein exzellenter und ambitionierter Gitarrist, weite Strecken seiner Alben sind mit ausufernden Turnübungen auf dem Instrument gefüllt. Funktional dienen diese Passagen neben Zappas Drang, sich auch als Solist immer wieder aussprechen zu müssen, durchaus der ›Entspannung‹ des Zuhörers: Da das Mitgehen und das Nachvollziehen der Breaks, Taktwechsel, der offenen und versteckten Gags arg fordern, sind Zappas Solo-Exkursionen Gelegenheiten, bei denen die Zügel gelockert werden. Eigenständige Statements auf der Gitarre zu Beginn eines Konzerts können einstimmen, in die Zappa-Welt tragen, eher hymnische Setzungen bei der dritten und letzten Zugabe sind nicht selten. Hier ist Raum für die von ihm sonst gering geschätzte Emotionalität in der Musik, hier darf man schwelgen. Dennoch verstand er auch seine improvisierten Soli als ›Komponieren auf der Bühne‹ und war überzeugt, Hörenswertes auf dem

Zappa hatte auf seiner letzten Tournee 1988 um die zwanzig Gitarren im Gepäck, bespielte aber nur zwei Fender Stratocasters, eine Sunburst und die schöne gelbe Performance.

Instrument eigentlich nur live eingespielt zu haben – ein weiterer Hinweis darauf, dass der Energie-Austausch mit dem Publikum keineswegs gleichgültig sein konnte.

Vielen ist Zappa – erwartbar – zu schräg, denn er scheut unter anderem keine Ausgriffe in Ganztonleitern, bringt chromatische Einlagen und orientalische Melismen. Wenn man sich jedoch von seinem (auch in diesem Fall unverkennbaren) Sound angesprochen fühlt, eröffnet sich eine Welt abseitiger, doch nonverbaler Geschichten. Ich selbst lasse für Zappa-Soli jeden Hendrix, der übrigens bei Zappa 1967 erstmals ein Wah-Wah-Pedal hörte, stehen. Der Sound ist meist aggressiv, doch ekstatisch, oft von atemberaubendem Tempo bei konstanter

›Komponieren auf der Bühne‹, 1978

Präzision – und noch die schlampig gegriffenen Soli, wie etwa bei »Conehead« während der Probe für ein Konzert im Münchner Circus Krone 1978, haben etwas Bannendes. Zappa war kaum an Akkordfolgen, vielmehr an Klangfarben interessiert, die dem Jazz abgeschaute modale Improvisation in beliebiger Länge daher seine Form der Wahl: Ich kenne eigentlich keinen anderen Rockgitarristen außer Zappa, der die Sache mit vollem Risiko angeht, der zehn, zwölf, fünfzehn Minuten durchhält und dabei immer noch Neues zu Tage fördert. Undenkbar für ihn, wie gelegentlich Neil Young oder Mark Knopfler von DIRE STRAITS, die Soli seiner bekanntesten Stücke aus Bequemlichkeit oder mangelnder Inspiration einfach nachzuspielen, immer musste sich eine neue Setzung ereignen. Manchmal scheint es, als suche Zappa auf dem Instrument minutenlang nach einer gewissen Tonfolge, bis sie endlich gefunden wird, wie etwa, jeweils kurz vor Schluss, bei »Hotel Atlanta Incidentals« (2:24–2:31) oder bei »Is That All There is?« (3:47–3:53) – oder auch nicht. Deshalb betonte er, trotz aller Könnerschaft, gerade auf dieser Doppel-CD *Guitar* ausdrücklich, dass kein Stück vollkommen sei, »but I hope you enjoy them anyway«.

> »I never tire of FZ's guitar solos.«
>
> Ruth Underwood
> in den Liner Notes zu
> *Roxy by Proxy*, 2011

Zappa konnte ausgesprochen heavy, auch fetzig spielen, wie sogar sein Zögling Steve Vai feststellen musste, verachtete aber zutiefst alle Metal-Gitarristen, die ihr Instrument als verlängertes Geschlechtsteil schwenkten und versuchten, ihre ganze Kunst in drei Takte zu legen. Seltsamerweise mochte Zappa BLACK SABBATH, vielleicht beeindruckte ihn der ›Riff-Master‹ Tony Iommi mit seinem einfachen, aber äußerst prägnanten

Stil. Schon Mini-Soli seiner Rhythmusgitarristen bei der Monitorkontrolle zu Beginn eines Konzerts nahm er als Balzritual übel, sie waren nur an der Reihe, wenn er es für richtig hielt. Von Hendrix schätzte Zappa, übrigens genau wie Miles Davis, nur die BAND OF GYPSYS mit dem rein schwarzen Trio, Noel Redding und Mitch Mitchell hielt er für unfähige Hillbillies. »Purple Haze« schien ihm lachhaft und allein von der Gitarre zu leben: Spiele man es auf einem Akkordeon (darauf muss man erst mal kommen!), bemerke man, wie wenig es hergebe. Die Hinrichtung auf der *The Best Band You Never Heard in Your Life* im »Fake-Devo-Stil – alles ist kantig, mechanisch, trocken und dumpf« kann ihm mancher Hendrix-Fan nicht verzeihen, ähnlich liegt der Fall bei der despektierlichen Version von LED ZEPPELINS »Stairway to Heaven«, bei der er Jimmy Pages Solo Ton für Ton von der Bläsergruppe nachspielen lässt. Dafür gibt es auch bei Zappa gelegentlich unverschämt melodische Ausbrüche, etwa »Watermelon in Easter Hay« von *Joe's Garage, Act II & III*, der Favorit übrigens seines Sohnes Dweezil. Lyrisch-kontemplative Stücke finden sich dagegen häufig, herausragend etwa der geradezu kantabel schwingende Ausgriff in der »RDNZL«-Version des *Helsinki Concert*. Und vielleicht am bemerkenswertesten: wie Zappa auf einer von ihm sonst nicht gebrauchten, an diesem Abend geliehenen Fender Telecaster in London 1971 spielte, kurz bevor er im Orchestergraben landete. Die drei fein phrasierten Titelstücke der *Shut Up*, alle auf einer Gibson SG, seiner bevorzugten Gitarre während der Siebziger, und das äußerst subtile »Pink Napkins« mit Harmonizer, ebendort zu hören, lassen arglose Hörer staunen, dass es sich hier um Zappa handelt.

Die Passagen bis etwa 1980 sind oftmals zweiteilig. Einem ›aufwärmend‹-testenden Teil, in dem der Solist genauso neugierig wie der Hörer ist, was wohl passieren mag, folgt dann die eigentliche Exkursion auf dem Griffbrett – in frühen Zeiten durch den Tritt auf das Wah-Wah-Pedal, mit dem auch Zappa hervorragend umgehen konnte, deutlich markiert. Konstant aber bleibt das untrügliche Signal dafür, dass Zappa selbst Spaß bei der Sache bekam: Sobald er (der beim Solieren keine Miene verzog, später auch im Sitzen spielte und als einer der exzessivsten Bühnenraucher die Zigarette hinter die Wirbel klemmte oder gleich im Mund behielt) begann, rhythmisch mit der überdimensionierten Nase zuzuhacken, war alles in Ordnung, und die Gitarre trug ihn nicht selten in ungeahnte Gefilde. Viele andere Musiker fragen sich, wie er immer wieder so zuverlässig zurückfand und mit den berühmten Handzeichen der Band plötzlich Ensemblespiel anzeigte und völlig ungerührt, als sei gerade nichts geschehen, zum Handmikro oder Taktstock griff.

Zappa brauchte für seine oft verblüffenden Einlagen Drummer, auf die er sich blind verlassen können musste; großes Lob ging an Aynsley Dunbar: »Wenn ich loslege, ist er bei mir, und die anderen stehen einfach nur da.« Vinnie Colaiuta schätzte er für intuitiv erfasste, komplementär zum metronomischen Beat getrommelte Polyrhythmen; schwebend, zyklisch und doch reibend. Sie trieben Zappa nach eigenem Bekunden zuallererst voran, wenn er versuchte, »siebzehn Takte im Zeitraum von vierzehn« zu spielen. Was gemeint ist, lässt sich am besten bei »While You Were Out« von *Shut Up* hören, einer Interaktion von Zappa, Colaiuta und Cuccurullo an der Rhythmusgitarre. Umso erstaunlicher bleibt, dass Zappa, wie auf »Why Johnny Can't Read« von derselben Scheibe, auch fünf Minuten ohne jeden regulären Downbeat auskommt.

Neben Ekstatik und lyrischer Exkursion aber bleibt die Ökonomie zu nennen. »Do Not Pass Go« auf der *Guitar* (zu

Deutsch »Geh nicht über Los«, der Marschbefehl bei Monopoly), herausgeschnitten aus einer Interpretation von »Drowning Witch« in London 1982, wird von schwerem Rockbeat mit exponierter Bassdrum und deutlich abgedämpften Becken getragen. Die Skala ist H-Dorisch / pentatonisch E-Dur; zentraler Ton der Improvisation, von dem Motive ausgehen, die teilweise auch zurückkehren, ist Gis. Zappa schwelgt in seinen geliebten Quarten über der diatonischen Skala, der Wechsel kleinteiliger Figuren und die ausgiebige Beanspruchung des Jammerhebels in Richtung Feedback bringt die nötige Spannung. Insgesamt handelt es sich um eine Improvisation über ein, wie bei Zappa häufig, viertaktiges Riff auf drei Takten H-Dorisch, dann Fis 7sus ad lib.

Zappa spielt mit Chorus/Flanger, vielleicht ist sogar ein die Obertöne verzerrender Ringmodulator dabei. An diesem knappen Statement ohne Kernmelodie, einer Lektion nicht im Schönen, sondern Schroff-Erhabenen (andere denken eher an Ein- und Ausatmen, Kontraktionen), kann ich mich seit dreißig Jahren schlechterdings blöd hören. Obwohl hier wenig Griffbrettakrobatik nötig ist, vielleicht sogar im Sitzen gespielt wurde, ergibt sich ein völlig konträrer Effekt, eine Art »wall of sound«, als schlügen immer wieder Brandungswellen über dem Kopf des verdutzten Hörers zusammen, doch scheint die Gitarre noch die Rinnsale des ablaufenden Wassers zu verfolgen. Erst vor kurzem jedoch bemerkte ich, dass Steve Vai an der Rhythmusgitarre Zappa, der in einen offenen Quartakkord ausschwingt, beinahe unmerklich kontrapunktiert. Ray White als dritter Gitarrist hat gerade Zigarettenpause.

Auf der letzten Tournee 1988 hatte sich etwas verändert, Zappas Attitüde an der Gitarre war gelassener geworden, er solierte entspannter, immer noch gern mal zehn Minuten, kostete aber ausführlich das Timbre und die erweiterten Möglichkeiten von Distortion (Verzerrung) und Sustain (Beeinflussung von Nachhall und Lautstärkeniveau) in den Klangfarbenkombinationen aus. Noch immer viel Jammerhebel auf der Stratocaster, gelegentlich arrogantes Kitzeln der tiefen E-Saite mit dem Mittelfinger – trotz immer wieder temporeicher Einlagen nimmt er sich irgendwie mehr Zeit und erzeugt genau dadurch auch mehr Raum. Bei »Trance-Fusion«, dem Titelstück der letzten, von Zappa noch autorisierten Sammlung mit Gitarren-Soli, scheint er sich von der hier, während des Konzerts in der Stuttgarter Liederhalle vom 24. Mai 1988 erstmals ausprobierten, sehr prägnant patternorientierten Basslinie inspirieren zu lassen – das Begleitinstrument neigt selbst zur starken Motivbildung und zieht den eigentlichen Solisten quasi mit sich, die Rollen scheinen geradezu vertauscht. Zappa hat sich nie für einen Virtuosen gehalten, denn dieser könne alles spielen, davon sei er weit entfernt. Tatsächlich beherrschte er z. B. das Inside-Outside-Spiel des Jazz als Versuch, alle zwölf Töne der chromatischen Skala in die Improvisationslinien einzubeziehen, als kompositorisches Prinzip zwar auf dem Papier, auf dem Griffbrett jedoch nur begrenzt. Lustiges Tapping hingegen praktizierte er schon 1976 während eines Auftritts in der *Mike Douglas Show*, das ist keine Erfindung Eddie van Halens, zumal bereits Harvey Mandel 1973 mit *Shangrenade* ein ganzes Album in dieser Technik einspielte. Wie der Autor Geoff Wills bin ich jedoch der Meinung, dass Zappa eine sehr jazzige *Rhythmus*gitarre zu spielen vermochte, wenn er sich auch zu diesem Part in den späteren Jahren nicht mehr herabließ. Allerdings raubte ihm seine ›mittlere Kompetenz‹ mitnichten den Schlaf; der junge Steve Vai an der »stunt guitar«, zwar nur wenige Jahre dabei, übernahm zur allgemeinen Verblüffung die »impossible guitar parts«. Wie jeder Musiker kochte auch Zappa nur mit Wasser, Jimmy Carl Black, der erste Drummer der MOTHERS, erinnerte, dass sein Chef 1964 noch keineswegs in der Lage gewesen sei, mit ellenlangen Improvisationen hervorzutreten – 1967 klang das schon ganz anders. Deshalb gehört wohl auch die in den Achtzigern häufig wiederholte Beteuerung, außerhalb der Tourneen staubten seine Gitarren nur vor sich hin und er habe gar keine Hornhäute mehr, wohl zu den typischen Zappa-Mythen. Wahrscheinlicher sind doch regelmäßige Exerzitien.

Und die sagenumwobene Hendrix-Gitarre? Ja, es gibt sie; über dubiose Kanäle, wahrscheinlich einen Roadie, gelangte Zappa während des Miami-Pop-Festivals 1968 an ein arg ramponiertes und angekokeltes Instrument von Hendrix. Jahrelang hing sie als Devotionalie an der Wand, bis Zappa sie restaurieren und mit neuen Tonabnehmern versehen ließ. Nur gelegentlich holte er die Stratocaster Sunburst, Baujahr 1965, hervor, auch Adrian Belew und Steve Vai bedienten sie während ihrer Zeit in Zappas Band; auf dem Album *Guitar* finden sich drei von ihm selbst auf dem Instrument gespielte Soli. Treue Fans posteten auf YouTube beide Konzerte in Passaic, New Jersey, vom 13. Oktober 1978, zwar in grauenhafter Bild-, doch akzeptabler Tonqualität. Zappa erzeugt eine ungewohnt familiäre Atmosphäre und hängt auch bald die Hendrix-Gitarre um. Er nähert sich dem extrem zu Rückkopplungen neigenden Instrument mit Respekt, doch gleitet während »Yo' Mama« in der ersten Show ab, spielt unfokussiert, nichtssagend – und bemerkt es selbst. Während »Conehead« in der späten Show gelingt es ihm dann, sechs Minuten stimmig auf dem Griffbrett zu tanzen. Irgendwann verschwand die Gitarre, wurde später unter einer Treppe in Zappas weitläufigem An-

wesen wiedergefunden, doch zerlegt und mit zum Teil ge-
plünderter Elektronik. Dweezil, der die Trümmer erhielt, die
Gitarre abermals restaurieren ließ und sie noch heute besitzt
(ein Auktionsversuch 2002 scheiterte), glaubt, dass der Geist
von Hendrix immer noch in ihr steckt – dem Alten schien's genauso vorgekommen zu sein.

Text und Kontext

Zappas Texte changieren zwischen Sozialkritik, politischen Attacken, Satiren auf Sexualpraktiken und blankem Nonsens. Wichtig ist zunächst, dass man in den Songtexten *keine* autobiographisch zuverlässigen Selbstdeutungen erhält (Ausnahmen sind lediglich die Jugenderinnerung »Village of the Sun« und die selbstironische Passage aus »Dancin' Fool«, in der betont wird, dass des Sängers rechtes Bein kürzer als das linke sei und beide Füße zu lang). Das romantische Konzept schrankenloser Selbstauskunft im poetischen Medium, eines »mon cœur mis à nu« im Gefolge Baudelaires, wie es Bob Dylan seit Jahrzehnten erfolgreich realisiert, lag Zappa unendlich fern.

Laut Conrad Wiedemann, in den späten siebziger Jahren sein Tontechniker, verbrachte Zappa mit der Ausrichtung von Mikrophonen im Studio Stunden, Songtexte schrieb er zuweilen aber in wenigen Minuten nieder. Die Präferenzen sind also klar, doch Zappas gelegentliche Äußerungen, er schreibe nur vokale Musik, weil Amerikaner mit rein instrumentaler nichts anzufangen wüssten, müssen mit Vorsicht aufgenommen werden; selbstverständlich sind seine Texte integraler Bestandteil der Musik und oftmals höchst komisch. Besonders seine immer wieder unternommenen Versuche, Musik syllabisch zu strukturieren – also, wie etwa in »Willie the Pimp«, »Drowning Witch« und, gleichsam ›beim Wort genommen‹, in »The Dangerous Kitchen« (*The Man from Utopia*), an der Prosodie gesprochener Sprache auszurichten – zeigen vollends, wie immens wichtig ihm Sprache war.

Zappa liebte besonders Wortspiele, Verballhornungen und Verstümmelungen seiner Muttersprache. Der Einfall, die sexuelle Erregung einer Dame namens »Dinah-Moe Humm« (*Over-nite Sensation*) in ihrem sprechenden Namen, summend wie ein Dynamo, zu versinnfälligen, bleibt über die Jahrzehnte amüsant. Doch Zappa nutzte ebenfalls, etwa auf *Thing-Fish* zusammen mit Ike Willis entwickelt, grotesk anmutende negroide Dialekte oder fremdsprachige Einsprengsel – Deutsch klang für ihn sehr technisch, er schätzte so wunderbare Komposita wie »Fußbodenbelag« – und ließ noch den Versuch nicht aus, Murphy Brock in Helsinki 1974 den Original-Text des finnischen Tangos »Satumaa«, der gelegentlich auch in Kaurismäki-Filmen erklingt, singen zu lassen, während die Band vom Blatt spielt. Das Publikum erkennt ihn sofort und ist begeistert. Zappas seltsamer, zuweilen auch kindischer Humor dagegen kommt zum Tragen, wenn er etwa Colaiuta beim ausgedehnten Soundcheck im Münchner Circus Krone minutenlang, natürlich während seines Schlagzeugspiels, »wie einen Seehund« jaulen lässt und davon offenbar nicht genug bekommen kann.

Um Zappas eigene Texte wirklich würdigen zu können, reicht Schulenglisch nicht immer aus. Das rätselhafte »Pygmy Twylyte« (»Zwergen-Zwielicht«) etwa handelt von einem Speedfreak, der nach einem mehrtägigen Turn langsam wieder runterkommt; und wer nicht weiß, dass »to give some head« Fellatio bedeutet, versteht die Pointe von »Honey, Don't You

Want a Man like Me?« nicht. Hinzu kommen Zappas Anspielungen auf Lokalitäten und Personen der US-amerikanischen Öffentlichkeit. Camarillo war eine Nervenheilanstalt, ohne dieses Wissen bleibt »Camarillo Brillo« einigermaßen rätselhaft, schon ein New Yorker oder Bewohner des Mittleren Westens wird die ellenlange Aufzählung der Vorstädte von Los Angeles in »Billy the Mountain« nicht nachvollziehen können; der Titel »Canarsie« – »where everyone looks the same« – für ein Zappa'sches Gitarren-Solo benennt die Gemeinde in Brooklyn, in der Warren Cuccurullo, hier als Begleitung an der elekrischen Sitar, geboren wurde. Politische Attacken galten vornehmlich Richard Nixon und Ronald Reagan, beide auch in Europa noch hinlänglich bekannt, doch schon der Name des Militärs Oliver North, Drahtzieher der Iran-Contra-Affäre, schwindet aus dem kollektiven Gedächtnis – und wer erinnert noch, dass Spiro Agnew (»Titties & Beer«) Nixons Vize und ›Kettenhund‹ war? Ähnlich liegt der Fall mit »Porn Wars«, dem Kernstück der *Frank Zappa Meets the Mothers of Prevention*, in dem er aus den gesampelten Statements der Senatoren während des Hearings über die geplante Zensur von Songtexten eine Soundcollage bastelte. Zwar kannte man die Akteure in Europa nicht, dennoch war es keine gute Idee von ihm, eine entpolitisierte Version des Albums für dieses Publikum zu edieren, fehlte ihm doch nun das Zentrum.

Vorbereitet durch *Joe's Garage*, entdeckte Zappa als überzeugter Rationalist, der selbst in Emotionen nur den Effekt physisch-chemischer Prozesse anzuerkennen bereit war, zu Beginn der achtziger Jahre Religion als dankbares Thema. »Dumb All Over«, eine erste gründliche Abrechnung mit dem religiös motivierten Rechtsruck der USA auf *You Are What You Is*, einem Doppelalbum, das zu Beginn der Reagan-Ära die

Nation 1981 beim Puls nahm, entstand während eines Rück-
flugs aus Europa. Wenn »the book says: / ›He made us all to be
just like Him‹, so / If we're dumb / Then God is dumb / An'
maybe even a little ugly on the side«, so wird hier eine beste-
chende Anti-Theodizee geliefert. Die im Rest der Welt wenig
bekannten, doch in den USA sehr populären Fernsehprediger
wie Jimmy Swaggart oder Jim und Tammy Bakker, allesamt
hochkonservative Fundamentalisten, die sich nach und nach
als in Finanz- und Sexskandale verwickelt erwiesen, waren
von nun an permanente Zielscheibe der Zappa'schen Attacken.
Es spricht für die Genauigkeit seiner Wahrnehmungen, dass
ihm zum Wechsel des Jahrzehnts nicht entgangen war, wie
im politisch-öffentlichen Diskurs die traditionelle Ostküsten-
Elite von der Kultur des Südens und Westens schrittweise
verdrängt wurde. Noch während der letzten Tour adaptierte
Zappa BEATLES-Klassiker wie »Lucy in the Sky With Dia-
monds«, »Strawberry Fields« und »Norwegian Wood«, um
ihnen Texte zu unterlegen, die die Verfehlungen der Gottes-
männer genüsslich nacherzählen. Ebenso registrierte er die
Verschiebungen der Sozialstruktur: Blieb die Geißelung des
angepassten Spießers in »Brown Shoes Don't Make It« aus alten MOTHERS-Zeiten recht unverbindlich und die Kommen-
tierung der Stagflation auf »Cant't Afford No Shoes« von der
One Size Fits All 1975 so abstrakt wie das Phänomen, legte
Zappa im Titelstück von *You Are What You Is* Ray White, dem
farbigen Leadsänger, soziologisch genau die Bestrebungen und
Begehrnisse der neuen schwarzen Mittelklasse in den Mund,
inklusive Golfspiel und Mercedes-Coupé 450. Es spricht für
Zappas gutes Gespür; erst einige Jahre später erhielt genau
diese Klientel mit der *Bill Cosby Show* ihre eigene, ›rein
schwarze‹ Sitcom.

Nirgendwo jedoch wird der Lokalbezug zu Los Angeles, dem Zappa in Hassliebe zeitlebens verbunden war, so plastisch und spielerisch deutlich zugleich wie im »Jezebel Boy« von *Broadway the Hard Way*; ein Stück, das er für die letzte Tour bis zum Überdruss proben ließ, tatsächlich jedoch nur einmal live spielte. Die gesamte Band erzeugt eine Art Einstiegslärm, dann harte Rockgitarren und Polizeisirenen vom Synclavier, dazu der chromatische Melodieeinfall – kein Zweifel, das ist das alltägliche Verkehrschaos in der Millionenmetropole. Ike Willis und Zappa sprechen die wenigen Verse, ein Sittenbild von LA als Hörspiel: Der Jezebel Boy, ein kleiner Zuhälter und insofern Wiedergänger von »Willie the Pimp« für die Achtziger, hat einen Deal mit der »Sheriff's Patrol« und Justiz, kostenloser Sex mit seinen Mädchen bei Bedarf gegen Duldung des Geschäfts. Man muss dieses kaum zweieinhalb Minuten lange Stück, das es mit den besten Dialogen von Zappa und Murphy Brock um 1974 aufnehmen kann, hören, um den Witz des Ineinanders von Musik, sozialer Momentaufnahme und zündender obszöner Pointe zu fassen, Beschreibung versagt hier.

Die Beobachtung von Alltags(un)kultur war unerschöpflicher Inspirationsquell für Zappas Texte. In »Dummy up!« von der *Roxy & Elsewhere* versucht Murphy Brock als ahnungsloser Novize einen alten, feuchten Tennissocken, »former owned by Carl Zappa«, also Franks Bruder, »in order to get real high«, zu rauchen. Schweißfüße sind dann auch der Aufhänger für Zappas Selbstreflexion seiner »Conceptual Continuity« im absurden Dialog mit dem fiktiven Haushund Fido (oder Phydeaux, zugleich der Name eines alten Tourbusses) auf »Stinkfoot«, dem Finale von *Apostrophe (')*. Das Hohe mit dem denkbar Niedrigen zu kontrastieren, war immer schon probates Mittel des Komischen. Ein TV-Werbespot, der dampfende Turnschuhe zeigte, um ein Spray gegen Fußgeruch zu verkaufen, war hier nach Zappas eigener Auskunft der Auslöser. Motive und Anregungen lagen für ihn buchstäblich auf der Straße, »add water, makes its own sauce« von der *Joe's Garage* ist ebenfalls einem Werbespot entnommen, dieses Mal für Instant-Nudeln; eines der rätselhafteren Leitmotive dieses Großwerks, »the white zone is for loading and unloading only«, erklang viele Jahre am Flughafen von Los Angeles, erhält hier aber eine Bedeutungsdimension, die auf das Nirwana zu weisen scheint. Die Anregung zum »Illinois Enema Bandit« fand Zappa in einer Tageszeitung, auch das Leben »on the road« gab naturgemäß vielfältigen Anlass zur Inspiration, ein Nonsens-Vers wie »Ride My Face to Chicago« fand sich 1965 als Graffito an der Wand der Herrentoilette des Rockclubs Whisky A-Go-Go. Zappas semantisches Universum ist inspiriert von billigen Horrorfilmen der 1950er mit ihren Monstern und Klischees verrückter Wissenschaftler, Nöten fiktiver Teenager, Groupies, Spießern, Rednecks und animierten Haushaltsgegenständen. So hatte Zappa einen Lieblingsstaubsauger, dessen Betriebsgeräusch ihn an den Sound von Saxophonen erinnert haben musste; im Innenteil des Klappcovers von *Chunga's Revenge* sieht man das Gerät, gezeichnet von Calvin Schenkel, dem Gestalter vieler der frühen Plattenhüllen, in Aktion; das Titelstück bringt Ian Underwood auf dem Instrument, verfremdet über Wah-Wah, bevor Zappa an der Gitarre übernimmt.

»Ooooh, I'm dancing« /
»Make a Sex Noise«

Zappa verachtete seine Mitbürger am meisten für kollektives Biertrinken und ihre Neigung, im Tanz nicht nur *die* Institution für Partnerschaftsanbahnung (»Dancin' Fool«), sondern eine Art Universaltherapie zu erblicken. In absurder Verkennung der Tatsachen glaubte er, dass in Europa Bier sehr bewusst als Genussmittel konsumiert werde, während sich die Amerikaner eigens zu organisierten Besäufnissen zusammenfänden, was nicht verwunderlich sei, enthalte das Getränk doch einen geheimnisvollen Stoff, der zu faschistoidem Verhalten bewege.

Der Gipfel der Abscheulichkeit jedoch war für ihn erreicht, wenn der Amerikaner sein »Tanzgesicht« aufsetzt, »Augen geschlossen, Lippen gespitzt«, womöglich noch durch eine Nase Koks auf Trab gebracht. Hieran ist schon mehr, wenn man bedenkt, welch immensen ideologischen Stellenwert das Tanzen als Selbstfindungs-, Integrations- und Problemlösungsstrategie in der populären Kultur der USA hat. Verfügten Filme wie *Saturday Night Fever* von 1977, John Travoltas Durchbruch, noch über Realitätspartikel und lieferten eine Spur Sozialkritik, so war *Dirty Dancing* (1987) mit den eindeutig definierten Geschlechterrollen höchst bezeichnend für Ronald Reagans konservativen Schwenk mit seiner Sehnsucht nach den biederen, aber blütenrein gewaschenen fünfziger Jahren: Tanzen führt hier unweigerlich zum Glück. *Honey* von 2003 mit Jessica Alba zeigt dann nur noch, wie Hollywood im Leerlauf zu sich selbst kommt. Lästige Darstellung von Handlung wird zugunsten der Tanzeinlagen minimiert, die Figuren der Street Gangs könnten klischeehafter nicht sein, der böse (weiße) Videoproduzent ist im Suff natürlich übergriffig, doch zum Schluss löst sich alles in eitel Wohlgefallen auf, und es heißt über die Heldin/Vortänzerin ernsthaft: »Gott hat dir diese Fähigkeit gegeben.« Zappa wäre vor Lachen vom Stuhl gefallen.

Angesichts seiner oft obszönen Texte wurde er bis zum Überdruss befragt, ob er Sexist oder gar Frauenfeind sei, weshalb er gelegentlich grundsätzlich wurde, vielleicht zehn Prozent aller seiner ungefähr tausendzweihundert Stücke handelten von ›dem‹ Thema (also noch immer gut über hundert, mehr, als die meisten Bands während ihres Bestehens überhaupt ausstoßen), man möge die Kirche bitte im Dorf lassen. Hört man genauer hin, trifft tatsächlich beide Geschlechter gleichermaßen der Spott. Da gibt es den sexualprotzigen »Zomby Woof« und verführerische Vorstadtcowboys auf dem Bull-Riding-Simulator, den »Illinois Enema Bandit« und »Stevies Spanking«, das genüsslich ausmalt, was dem jungen Steve Vai widerfuhr, als er in die Fänge eines berüchtigten Groupies geriet, aber auch die ›Orgasmus-Wette‹ mit »Dinah Moe-Humm«, Oralsex mit Hunden oder Robotern, Pinkelspiele, das Besingen schmutziger Damenunterwäsche in »The Jazz Discharge Party Hats« und dergleichen mehr. Perverse, so Zappa bei der Vorstellung von »Penguin in Bondage« im Roxy Anfang Dezember 1973, hatten für ihn zudem den Vorzug, Normalos gut aussehen zu lassen.

Tatsächlich wurde Sex – und das steht dahinter – während der Siebziger eines der großen Themen der Alltagskultur, begleitet von einer Fülle an Ratgeber- und Bekenntnisliteratur: Orgasmusschwierigkeiten, der G-Punkt, »female fantasies«, Selbstverwirklichung durch Promiskuität, wie sie Filme vom Schlage *Looking for Mr Goodbar* (zitiert in »Dancin' Fool«) und Autorinnen wie Erica Jong nachzeichnen, bis hin zur puren Esoterik waren die aufgeregt diskutierten Themen. Auch handfestere Errungenschaften der Emanzipation wie Frauenhäuser, Reform des Scheidungs- und Sorgerechts und natürlich das Vordringen der Gender-Thematik an den Universitäten institutionalisierten sich – übrigens, wie in Europa, bald gefolgt von einer Welle der Problematisierung männlicher Sexualität.

Einem Satiriker mit Hang zum Zynismus konnten solche Tendenzen nicht gleichgültig sein. Nirgendwo zeigte sich für Zappa der Mensch deutlicher als triebgesteuertes, also unvernünftiges Säugetier als beim Sex; der Akt der Kopulation selbst erschien ihm höchst lächerlich, womit schon gesagt ist, dass er alle diesbezüglichen ideologischen Verbrämungen zurückweisen musste. Sex war ihm, der selbst den so häufig verspotteten Groupies durchaus zusprach, kein Medium der Selbstfindung oder gar Befreiung, auch hierin unterschied er sich schroff von den Hippies. Vielmehr konnte man den alltäglichen Wahnsinn anhand dieses Themas exemplarisch vorführen, mehr war nicht dran. Dennoch, warum müssen auch Instrumentalstücke Titel wie »I Promise Not to Come in Your Mouth« oder »G-Spot Tornado« tragen? Hier verselbständigte sich gleichsam die schiere Lust an der Provokation und Blasphemie, die sich auch in winzigen Details niederschlägt, wie etwa dem Umstand, dass Zappa seine Helden von *Joe's Ga-*

rage, Mary mit ihrer besonderen Begabung für Oralverkehr und Joe, der sich einen Tripper einfängt, mit biblischen Namen belegte. Problematischer wurde es, wenn Zappa Minderheiten auf die Schippe nahm. Lesbische Liebe hielt er für eine Fehlleitung emanzipativer Energien, männliche Homosexualität erscheint bei ihm in Gestalt von Lederschwulen mit Hang zu Sadomaso-Praktiken. Die »Jewish Princess« von *Sheik Yerbouti* brachte Zappa Ärger mit der B'nai B'rith ein, der besonders in den USA einflussreichen und für Toleranz eintretenden jüdischen Loge. Bei Passagen wie »I want a steamy little Jewish Princess / With over-worked gums, who squeaks when she cums [...] / A brazen little Jewish Princess / With titanic tits, and sand-blasted zits / She can even be poor / So long as she does it with four on the floor« ist die Empörung nicht ganz unverständlich, allerdings gerade kein Zeichen von Toleranz. Zappa blieb standhaft, schließlich beschreibe er nur, was er sehe, es gebe keinen Anlass, irgendetwas zurückzunehmen. Verglichen mit Showmastern und Comedians, die gleich eilfertig zurückrudern, sobald jemand glaubt, sie hätten sich im Ton oder an heiligen Gütern vergriffen, immerhin ein Zeichen von Haltung.

All that Jazz?

So viel aus unberufenem Munde. Zappas berühmtestes Statement zum Thema ist »Jazz is not dead, it just smells funny« von der *Roxy & Elsewhere*, eine Replik auf die Miles Davis um 1970 zugeschriebene Äußerung, Jazz sei so tot, dass er schon stinke. Zwei Dinge sollten freilich nicht außer Acht gelassen werden. Erstens hat sich Zappa häufig despektierlich über das Genre geäußert (Terry Bozzio etwa lässt er während einer Performance von »Titties & Beer« in Paris 1977 als »jazz devil« auf Zuruf alberne, flirrende Licks im Bebop-Stil spielen), und zweitens ist – wie stets – bei seinen Kompositionen ein genaueres Hinhören geboten. Mit doppelten Böden ist gerade hier zu rechnen, noch der Titel der Doppel-CD *Make a Jazz Noise Here* mit Aufnahmen der 1988er-Tour ist seltsam zweideutig. Unter »jazz noise« versteht man Anfeuerungsrufe bei Improvisationen à la »Go, man, go!« oder »Get funky now!«, doch weder Titel noch der Umstand, dass Zappa mit einer Bigband tourte, hieß, dass er nun vorzugsweise Jazz zu Gehör brachte – die wenige Wochen vorher erschienene *Best Band You Never Heard* enthält definitiv mehr davon. Zwar finden sich auf der *Make a Jazz Noise Here* Versionen von »Big Swifty« und »King Kong«, dazu aber Adaptionen von Bartók und Strawinsky.

Geoff Wills lieferte mit seinem Buch *Zappa and Jazz* eine Fleißarbeit ab, die sich leider größtenteils mit der Rekonstruktion dessen begnügt, was Zappa nachweislich vom Idiom wusste und aus welchen Kontexten seine Mitarbeiter stammten. Wills bestätigt, dass sich Zappa mit Bebop wenig anfreunden konnte, doch herausragende Jazz- und Sessionmusiker eine wesentliche Rolle in Zappas Werk spielen. Allerdings betont Wills zu Recht, dass Zappa den Jazz wie alle anderen Musikformen aufnahm und daraus sein höchst eigenes Gebräu bereitete.

Die angebliche Begegnung mit Davis in den frühen 1960ern, bei der dieser Zappa, der natürlich noch keine Karriere vorzuweisen hatte, den Rücken zugekehrt habe, ist nicht belegbar und gehört insofern eher zu Zappas Privatmythen. Sehr viel wahrscheinlicher hingegen ist, dass er, der in der Kindheit Anschlussschwierigkeiten hatte, vom elitären Gehabe und der Bescheidwisserei vieler Jazz-Fans abgestoßen wurde, die bekanntlich dazu neigen, sich Geheimtipps, Spitznamen von Musikern oder entlegenste Albumtitel verschwörerisch zuzuraunen und jedem Novizen zunächst einmal mit Herablassung zu begegnen. So etwas kann nicht nur bitter stimmen, sondern auf immer prägen. Zappa spielte 1969 mit Rahsaan Roland Kirk, dem blinden Multiinstrumentalisten; hier hatten sich zwei schräge Vögel gefunden. Archie Shepp jammte spontan mit Zappa während der 1984er-Tournee, zu hören auf *You Can't Do That on Stage Anymore, Vol. 4* – und überhaupt ist das von Zappa immer schon praktizierte Auf-die-Bühne-Holen zufällig anwesender Musiker ja alte Jazz-Tradition.

Was ist nun aber wirklich jazzig bei Zappa? Wenn man sich als technischen Minimalkonsens darauf einigen kann, dass der Jazz die rhythmische Tradition des Blues, Dreiteilung der Viertel (›triolige‹ Spielweise der Achtel = ternär), übernimmt und damit eine grundsätzlich *andere* Auffassung des rhythmischen Gefühls, als die binäre Tradition europäischer Klassik und der weißen Rockmusik zugrunde legt, gibt es verblüffend wenig Jazz bei Zappa.

»King Kong« von der *Uncle Meat*, der thematische Kopf exekutiert vorwiegend penta- und diatonische Viertongruppen auf der As-Dur-Skala. Der Bass spielt Duolen auf der Unterquarte Es, dem dominantischen Ton, und ist Teil der polyrhythmischen und durchaus jazzigen Struktur des treibenden 3/4-Taktes. Man kann sich an John Coltranes Interpretation von »My Favorite Things« erinnert fühlen, gerade auch in der Öffnung des Stücks für beliebig viele Improvisationen in beliebiger Länge. Nicht ohne Grund blieb »King Kong« bis zuletzt in Zappas Live-Repertoire, erlaubte es doch jedem Bandmitglied, ›seinen‹ Solopart zu bringen.

»The Eric Dolphy Memorial Barbecue« von der *Weasels Ripped My Flesh*, noch von den Original-MOTHERS, eindeutig eine Verbeugung vor dem spröden Widerspruchsgeist des als seelenverwandt erkannten Avantgarde-Jazzers der 1960er.

Dennoch, mit Widmungen ist es bei Zappa so eine Sache, sie können zwar als Hommage, doch genauso gut als Zeichen der Geringschätzung verstanden werden – Letzteres ist sicher bei der Parodie »Variations on The Carlos Santana Secret Chord Progression« von *Shut Up* gemeint, also in Richtung eines Musikers, der immer wieder geradezu darum buhlt, mit Jazz-

Captain Beefheart, Anfang der achtziger Jahre

Größen spielen zu dürfen; Al DiMeola hingegen wird bei einem New Yorker Konzert 1981 mehr oder weniger vorgeführt.

Zappas zweites Soloalbum *Hot Rats* von 1969 gilt heute meist, neben Miles Davis' sehr viel folgenreicherer Elektrifizierung auf *In A Silent Way* im selben Jahr, als Erfindung des Jazzrock. Doch passt das wirklich? »Peaches en Regalia« bietet weder in Thematik noch Harmonik, also auch nicht in der Melodie, ein Jazzarrangement, ist vielmehr rein zappaesk, nämlich undefinierbar. »Willie the Pimp« dagegen als Rock im 4/4-Takt führt Bass und Violine über ein zweitaktiges Riff synchron. Gitarre und Captain Beefhearts syllabischer, größtenteils unisono mit dem Riff gehaltener Gesang setzen zugleich auf der Eins ein, primitivistische Percussion, die an den Totempfahl umtanzende, indianische Medizinmänner erinnert, kommt hinzu und mag wohl Beefhearts anarchischen Gesangsstil ironisieren, bis Zappas langes Gitarren-Solo mit Wah-Wah-Pedal modal a-Moll anhebt, fast durchgehend Achtelnoten, kein einziger Akkordwechsel. »Son of Mr Green Genes«, wieder im 4/4-Takt, nimmt die Idee eines Stückes von *Uncle Meat* auf, ersetzt den Gesang durch mehrere Bläser, die aber das exakt gleiche melodische Material ausführen. Die diatonische Akkordfolge fasst Zappa zum achttaktigen Chorus als geschlossene Form zusammen, um sowohl das variierte Thema als auch seine anschließende Improvisation zu einen. Man kann das als Anleihe beim Jazz verorten. »Little Umbrellas« wird vom Rockschlagzeug getragen, es finden sich keine Offbeats in der stets binär bleibenden Melodik, kein Chorus; dafür entsteht ein leicht arabischer Touch. Zappa hat die Platte auf dem Cover als »movie for your ears« annonciert – wenn sie Filmmusik assoziieren lässt, dann hier; der Orgelsound spielt wohl auf die französischen Schwarzweißfilme der sechziger Jahre an. Auch

»The Gumbo Variations«, wieder im 4/4-Takt, mit Saxophon- und ausgiebigem Violinen-Solo, enthalten sich aller Offbeats, die die Sache zum Swingen bringen könnten; sehr funky klingt das alles nicht. Typischer für die ehrgeizigeren Stücke dieser Scheibe ist das wiederum chorusbezogene »It Must Be a Camel« als Finale, das hier als bizarrer und doch vermeintlich jazznaher Song genauer betrachtet sei. »Camel« zerfällt deutlich in drei Teile, der erste (0:00–0:52) steht im 6/4-Takt bei binärer rockig, nicht ›jazzig‹ swingender Rhythmik. Das Klavier wechselt von Anbeginn die tonalen Referenzen, während der Bass überwiegend grundtonbezogen bleibt und das Schlagzeug polyrhythmisch und asynchron, nur gelegentlich auf dem ersten Schlag des Taktes spielt. Dieser wird am stärksten vom Klavier akzentuiert, das zusammen mit dem Bass Rahmen und Struktur gibt, während das Schlagzeug (in Maßen) dagegen anspielt. Das eigentlich Interessante ist hier das Verhältnis von Percussion zu den unkonventionellen harmonischen Verknüpfungen des Klaviers, die, bewusst gegen den Strich geführt, Hörgewohnheiten der Quintharmonik negieren. Chromatische und diatonische Seitwärtsbewegungen der Harmonien und ein fünf Takte währender Erguss in einen lydischen Akkord (#11) sorgen für weiteres Befremden, bis er in eine Generalpause ausschwingt.

Dem Thema des zweiten Teils (0:53–1:43) liegt die gleiche Akkordfolge wie in Teil eins zugrunde (Chorus); Bläser erzeugen über sechzehn Takte eine Quasi-Melodie, die in ihren übereinandergeschichteten Quarten, gebrochen durch Terzen, große und kleine Septimen und eine fragmentierte Pentatonik, offenbar dem Prinzip höchstmöglicher Unsingbarkeit gehorcht. Vielfache, unisono geführte Overdubs von Tenor- und Sopransaxophon kommen hinzu, und Zappa bemüht nun sogar sogenannte irrationale Rhythmen, die in abendländischer Musik eigentlich nicht vorkommen, hier vornehmlich als Quintolen und Septolen. Ein Kratzgeräusch auf einem Saiteninstrument leitet über zum dritten, ziemlich obskuren Teil (1:44–5:17). Er beginnt mit lydischem A-Akkord, Sekunden werden um eine oder auch zwei Oktaven auseinandergezogen; es entstehen gespreizte, möglichst dissonante Klänge, die mit elektronischen, analytisch kaum weiter zu dekomponierenden Sounds per Overdubbing überwölbt und nicht mehr unisono geführt werden, sondern nur noch rhythmische Gemeinsamkeiten finden. Folgt ab 2:24 Zappas Gitarren-Solo in D-Dur über C, meines Erachtens nahe an der Selbstparodie, die Band wechselt nach h-Moll, er kann im selben Modus bleiben, worauf noch ein Wechsel nach B lydisch erfolgt, dann D-Dur als letzte Tonalität, die ein achttaktiges Schlagzeug-Solo von John Guerin einleitet. Ab 4:18 nochmals der Chorus bis Ende: Schlussakkord ist B-Dur über As, der zurückspringt zu dem vorbekannten Schlussakkord E lydisch (#11).

Nicht schön, aber sicherlich modern – und als Zappa-Komposition völlig unverkennbar. Vor allem aber ist das »Camel« sehr arrangiert und fast zur Gänze, untypisch für Jazz, durchkomponiert. Zappa selbst übrigens war die Klassifikation des Albums gleichgültig; ihm sei es damals, als er erstmals mit sechzehn Spuren aufnehmen konnte, um das Ausloten der Möglichkeiten des Overdubbings gegangen. Aus der historischen Distanz behält er wohl recht. Historisch eindeutig ist zudem, dass Zappa mit *Hot Rats* von der Soundqualität her wohl als Erster den Hi-Fi-Bereich betrat und die akustisch scheppernden sechziger Jahre hinter sich ließ.

Auch die zweite ›Jazz-Phase‹ von 1972 hinterlässt eher Fragezeichen. Das Titelstück von *The Grand Wazoo* ist ein Shuffle mit intermittierenden, doch auskomponierten Bläsersätzen, an die sich jeweils modale Improvisationen einzelner Solo-instrumente anschließen. Die Eröffnung »For Calvin (And His Next Two Hitch-Hikers)« bleibt undefinierbar, wird aber trotz aller Eskapaden inklusive Kontramelodien vom 3/4-›Waltz‹ zusammengehalten; auch »Blessed Relief« steht in derselben Taktart und weist im Gegensatz zur verbreiteten Meinung kei-ne Jazz-Struktur auf, nur »Eat that Question« mit seinem schö-nen, auführlichen Fender-Rhodes-Solo von George Duke geht wirklich als Jazz durch. Die Originalfassung von »Big Swifty« auf *Waka/Jawaka* droht mehrmals beinahe zu zerbröseln und gewinnt erst in den kürzeren Live-Fassungen von jeweils um die zehn statt der ursprünglich über siebzehn Minuten an Drive – dann aber erheblich.

Es hilft nichts, für Jazz atmet diese Musik zu wenig, Zappas kompositorische Korsetts sitzen zu eng. Das Interessante er-gibt sich nicht ad hoc aus der Interaktion gleichberechtigter Musiker, sondern ist auf dem Papier ausgeheckt und damit zu gewollt. Und doch ist die Sache damit noch nicht abgetan. Ian Underwood, der zentrale Partner auf *Hot Rats*, ist kein Jazzer, Multiinstrumentalist hin oder her; wie die frühen MOTHERS insgesamt kann er wohl rocken, aber nicht recht grooven. Man geht gewiss nicht fehl, wenn man George Duke als denjenigen identifiziert, der nicht nur den Jazz, sondern auch den Funk brachte – überhaupt das Black-Music-Element. Ruth Under-wood bezeichnete ihn Jahrzehnte später als »the heart and soul of the band«, was sich wohl nicht nur auf seine emotionalen Qualitäten bezog. Der Jazz kam zu Zappa, nicht umgekehrt; er gehörte nicht zu seinem initialen musikalischen Universum, war aber als Bereicherung der expressiven und kompositori-schen Palette bald hochwillkommen. Ein weiterer Aspekt ist nicht ganz unerheblich: Leute mit Jazz-Hintergrund waren in Zappas Besetzungen fortan gern gesehen, weil sie ihre Instrumente vollständiger und umfassender beherrschen als Rockmusiker. Überhaupt erst dieses fortan nicht mehr unterschrittene Niveau erlaubte Zappa die immer weiter gesteigerten technischen Ansprüche an spätere Bandformationen.

»Approximate / The Purple Lagoon« von der *Zappa in New York*, vielleicht seinem schönsten Album, etwa beginnt mit einem neuen Versuch, das Skript aus den Tagen von *The Grand Wazoo* rhythmisch und melodisch unisono zu führen, um dann auf der Basis eines Double-Time-Rhythmus breiten Raum für Soli der Brecker Brothers zu geben, damals führende Vertreter des Fusion. Ganz ohne Frage Jazz: Offenbar musste Zappa von Jazzern mitgerissen werden, Handschrift und Profil seiner eigenen Kompositionen haben mit dem Idiom ursprünglich nicht viel zu tun. Dafür spricht auch, soweit bekannt, Zappas letzter Bühnenauftritt als Musiker am 30. Juni 1991. Hatte er eine Woche zuvor noch anlässlich des Abzugs der sowjetischen Truppen aus der Tschechoslowakei in Prag zusammen mit der Band Praský Výber eine ziemlich öde Reggae-Improvisation gegeben, jammte er nun, zwar bereits erkennbar krank, in Budapest eine halbe Stunde mit vier erst am Vorabend kennengelernten »gypsy friends« auf Augenhöhe, ohne die Allüren des absoluten Chefs, und interpretierte zum Schluss mit ihnen noch ungarische Folklore im 5/4-Takt als »lullaby« für die auch hier abziehenden russischen Truppen. Das ist umso bemerkenswerter, als Zappa über den Jam mit Ex-CREAM-Bassist Jack Bruce, der dem Album *Apostrophe (')* dann das Titelstück bescherte, als sehr schwierige Zusammenarbeit klagte: Zwei Egos gerieten aneinander, da Bruce gar nicht daran dachte, sein Instrument bloß dienend zu spielen, sondern sich als Melodiebass immer wieder nach vorn drängte. Eine hörenswerte Rangelei.

Das Verhältnis zwischen Zappa und dem Jazz blieb eine »strange relationship«, als Lieblingsgitarristen nannte er einmal den britischen Jazzer Allan Holdsworth, den manche, ähnlich wie Zappa, als kalt und technisch schmähen. Allerdings hat Zappas Musik auch etliche Jazz-Musiker geprägt. So erinnert etwa der Aufbau der Stücke von Susan Weinert oftmals stark an Zappa, in frühen Jahren spielte sie auch in Songtiteln auf ihn an; Bill Frisell wird langjähriges Interesse an Zappas Musik wenigstens nachgesagt; Ed Palermo interpretiert mit seiner Bigband immer wieder Zappa. Bei einem Bostoner Konzert der amerikanischen Band GOV'T MULE im März 2015 erschien John Scofield als »special guest« und spielte auf einer für ihn ungewöhnlichen Fender Telecaster ein Cover von Zappas »More Trouble Every Day«. Obwohl auch Scofield als ein Herr der schrägen Linien dem »outside«-Spiel frönt (knapp neben der Grundtonleiter angesiedelte Motiv- und Skalenfragmente), findet er sich nicht recht in die für ihn wohl unterkomplexe Blues-Pentatonik hinein. Stefano Bollani, einer der führenden Jazz-Pianisten der Gegenwart, hat im Interview zu seinem eigenen Versuch, mit *Sheik Yer Zappa* (2014) den Meister nicht nur zu adaptieren, sondern weiterzudenken, wohl verbindlich mitgeteilt, wo das Faszinosum liegt: Im skrupellosen Zugriff auf alle Musikstile und -genres, ja alle Klangsorten, um ohne Rücksicht auf Sittenwächter, Kunstrichter und die Jazzpolizei sein Ding durchzuziehen – »unclassifiable, [...] slipping through your fingers. As soon as you try to get hold of it or think you've got it, it flies off in another direction.« Dass Bollanis eigene Würdigung letztlich doch zu »sophisticated«, akademisch bleibt, ihr das nötige Quäntchen Schmutz fehlt, steht auf einem anderen Blatt. Nicht die vielleicht unvermeidlichen, zahllosen Zappa-Tribute-Bands, die gar nicht den Anspruch erheben, Neues einzubringen, tragen die Flamme weiter, sondern Musiker, deren Ausstoß nicht zufällig zappaesk genannt wird; kurzlebige Formationen zwischen Rock und Jazz von oftmals nur regionalem Bekanntheitsgrad, Alternativ-Jammer wie PHISH, eigenbrötlerische Gitarristen, deren seltene Soloalben kaum wahrgenommen werden, Soundtüftler, die im Geheimen an neuen Klangmustern und -Effekten basteln und damit schon wieder Uncle Meat, Zappas Phantasiefigur eines verrückten Wissenschaftlers, einigermaßen nahe kommen.

Angriff aufs große Orchester /
Computerspiele

So viel ist sicher: Zappa verstand sich stets als Komponist, ungeachtet der Gattungen, in denen er sich artikulierte. Die im Lauf seiner Karriere immer wieder vorgetragenen Sottisen, er spiele nur mit Rockformationen, weil er sich ein Orchester nicht leisten könne, sei an Rock eigentlich gar nicht interessiert, habe aber Schränke voll mit Partituren, sollte man auf sich beruhen lassen. Auch wenn er lange Jahre unglücklich um ein großes Orchester buhlte, muss man ihn an dem messen, was tatsächlich realisiert wurde.

Nach dem Debakel mit *200 Motels* erfolgte 1975 ein neuer Anlauf in Richtung Sinfonieorchester; seine damalige Plattenfirma Warner Brothers hat Zappa diese Aufnahmen aus der Hand geschlagen und vier Jahre später lieblos als *Orchestral Favorites* auf den Markt geworfen. Eine geplante Aufführung in Wien scheiterte und erbrachte nur finanzielles Minus. Eine weitere »Orchesterblödheit« (O-Ton Zappa) erfolgte 1983 mit dem London Symphony Orchestra, dirigiert von dem jungen Kent Nagano, zwar zur Begeisterung der Kritiker, doch nicht des Komponisten. Eine Zusammenarbeit mit Pierre Boulez' Ensemble Intercontemporain im Jahr darauf (*The Perfect*

Stranger) wurde im Rückblick von Zappa ähnlich verworfen, ungeschickte Musikanten hätten bei der Performance mehr Angstschweiß denn Musik produziert.

Einigkeit aber herrscht darüber, dass das Frankfurter Ensemble Modern 1992 mit *The Yellow Shark* Kompositionen von Zappa einspielte, die seinen Qualitätsstandards nahekamen. Bereits schwer erkrankt, konnte er den großzügig angesetzten Proben noch beiwohnen und erstmals mit den Musikern die Performance wirklich aushandeln.

Was ist dran an Zappa als Komponist von Orchesterwerken? Zunächst muss man wissen, dass ihn die sogenannte Klassische Musik bis ungefähr zur Hochromantik (Wagner, Brahms usw.) nicht interessierte, sie wird allenfalls für einige Takte parodistisch zitiert. Das galt ihm als Musik für ältere Damen, die lauwarmen Tee trinken und mürbes Gebäck mümmeln, sowie für Politiker und Manager, die aus Repräsentationsgründen, doch durchweg ignorant, ihre Zeit in Konzerten abzusitzen hatten: tote Musik. Zappas Prägung durch die Klassische Moderne Igor Strawinskys (Parodie, Ballette), deutlich etwa beim Titelstück von *Uncle Meat*, Anton Weberns, dessen konzentrierteste Satztechnik Zappa faszinierte (auch wenn er sie nie erreichte) und Edgar Varèses (perkussive Dimension, blockartige Klangschichtungen) dagegen ist gar nicht zu überhören, so viel sei vorausgesetzt. Arnold Schönberg und die Zwölftonmusik habe er ausprobiert, aber als zu technisch und daher langweilig befunden – Malen nach Zahlen, zu wenig Spontaneität. Ähnlich stand es mit den Konzepten von Serialität und Minimalismus, sie passten nicht zu seiner Neigung zu größeren Besetzungen und überhaupt zum dichten, fetten Sound – das gilt für Rock und Klassik gleichermaßen.

Es ist wohl so: Die Melodiesubstanz der meisten seiner Orchesterkompositionen erschöpft sich in parodistischen Attacken sowie Destruktion des Vokabulars und der Formensprache tradierter Musik, gewissermaßen Zitatmusik im Gefolge Strawinskys. Zappa ruft die abendländischen Hörgewohnheiten ab, um sie der Lächerlichkeit preiszugeben. Ronald Hitzlers Beschreibung Zappas als »eine Art höhnisch grinsender Mutation aus und im Schoße des *American way of life*« trifft besonders gut das Profil seiner Orchesterwerke; sie sind Reaktion, wie originell auch immer, auf bereits vorhandenes Spielmaterial. Gerade hier ist alles mit ironisch-unernster Attitüde gesetzt, wobei sich aber die generelle Frage stellt, warum Zappa für Ironie – ein ›schlankes‹ Verfahren, das gemeinhin eher mit dem Florett als schwerem Säbel zusticht – Orchester in bis zu hundertköpfiger Besetzung aufbietet. Daniel Schröder hat ihn in seiner Diplomarbeit zu Recht als »›auditiven‹ Eklektizisten« und Bastler bezeichnet, dem es, ganz ähnlich wie Karlheinz Stockhausen, Pierre Boulez und Wolfgang Rihm, um ›Gegenwart‹ als ästhetische Intensität, nicht aber Zukunftsmusik gehe. Typisch sei die Vorliebe für Aleatorik *und* Struktur, Emanzipation und Erweiterung des Klangs, Augenblicksemphase sowie Aufbrechung der instrumentalen Hierarchien, doch ohne Infragestellung des diatonischen Systems überhaupt oder des Vertrauens in eine kreative Subjektivität. Zappa gerät Schröder, und das mag verblüffen, daher zu einem der ›europäischsten‹ Komponisten der Klassischen Moderne. Für einen Autodidakten erstaunlich professionell – übrigens ein Urteil, das schon der us-amerikanische Komponist und Musikautor Nicholas Slonimsky fällte –, sei der Satz »insgesamt recht ›dick‹«, die akkordischen Gebilde »aufgrund der hohen Stimmenzahl immer gut gefüllt«. Zappas Traum, Musik als dreidimensionale Veranstaltung in Raum und Zeit zu realisieren, werde durchaus konkretisiert, doch sei er, gemessen an neueren Entwicklungen, im Grunde schon wieder Traditionalist.

Dennoch, was geht über diesen Befund hinaus, was ist wirklich innovativ? Vielleicht »Ruth is Sleeping«, eine Interaktion von zwei Flügeln (Steinways) auf *The Yellow Shark* und im Titel eine späte Verbeugung vor Ruth Underwood, der phantastischen Perkussionistin in den frühen Siebzigern. Sie beginnt mit den typischen Intervallen der Klassischen Moderne, neben der verminderten None leistet die große Septime die Überschreitung des Dur-Moll-tonalen Dreiklangraums. Dass Anton Webern einer von Zappas Helden ist, wird evident; eine erste, eher suchende Phase (bis 0:38) bringt kurze Anknüpfungen an dessen Klaviermusik-Tradition, hier das Ausloten eines mittleren Klangregisters über gespreizten Intervallen. Eruptive Momente jedoch markieren neue Läufe, und bald nimmt die Dynamik im frei atmenden Spielen beider Klaviere ohne metrische Bindung zu. Ab 0:58 folgen entscheidende Passagen: *Marcato* fragmentierte Sechzehntel-Bewegungen verhalten sich komplementär zum vom anderen Klavier gespielten Läufen; es entsteht tatsächlich so etwas wie Durchführung im Dialog. Aus dem Amorphen, aus verschiedenen Linien und Tempi konturieren sich immer wieder Gestalten und verschweben ins Unbestimmte; Gesten, die nicht weitergeführt werden oder gefrieren. Das ist einerseits die Strukturformel dieser Realisation, andererseits der Metakommentar zu Zappas Auffassung von tonsetzender Kreativität generell.

Interessant ist noch »III Revised« für fünf Streichinstrumente (zwei Violinen, Viola, Violoncello und Kontrabass), die ›spitz‹ miteinander reagieren, als umtanzten sich Kontrahenten mit stachelbewehrten Kampfhandschuhen. Kein einziges Instrument ›führt‹ eine erkennbare Motivik. Zwar beansprucht jeder Geigenstrich für sich eigenständigen Ausdruck, gibt sich autonom, dennoch entsteht der Eindruck einer unauflöslichen Verstrickung des Ensembles. Quasi aus dem Nichts entsteht ab 0:18 eine erste harmonische ›Fläche‹; die ganze Setzung aber fällt nicht auseinander, weil gerade dieses Stück in seiner peniblen Notation exemplarisch für Zappas orchestrales Werk-Verständnis einsteht: Alles ist hier Zuweisung, es gibt keine Millisekunde Raum für Spontaneität der ausführenden Musiker. Der Eindruck einer Demonstration drängt sich auf – wie in der Einheit des Werks Nähe, ein Begegnen, gegen Dissoziation und Zerstreuung, ausagiert werden kann; aus dem Disparaten wird immer wieder, wenn auch nur für winzige Augenblicke, Kohärenz, Intensität, sogar ein punktuelles Moment von Versöhnung (0:50) veranstaltet.

Dennoch bleibt Zappa im tonalen Paradigma; die Dissonanzen sind meist nur Ausbrüche. Allerdings gibt es in der Orchestermusik Zappas allgemein eigentlich keine kohärente Durchführung des Materials – bis zu Adorno, der schon Varèse nicht mehr als Musik begreifen konnte, die Grundanforderung jedes klassischen Komponierens –, das Collagenhafte wird nie überwunden. Jonathan Bernard hat in einem lesenswerten Artikel betont, dass Zappas permanente Klagen über inkompetente Musiker, die seine technisch fraglos sehr schwer zu spielende Musik regelmäßig verdürben, nur zur Hälfte zuträfen. Der Mangel liege ebenso in seinen Orchesterkompositionen selbst, die mit ihrer Geringschätzung von Melodie, Kontrapunkt und Funktionsharmonik nicht selten in der Sackgasse purer Willkür enden. Die zahllosen Kollisionen und Brüche seien wohl nicht immer beabsichtigt; ohne die Möglichkeiten

von Improvisation, Zitat und Gags seiner Bandmitglieder blei-
be die Orchestermusik oft steif oder wie schlechte Filmmusik
(die sie gelegentlich karikiert) in der Luft hängen. Dafür liegt
man – andererseits – mit Assoziationen zum Action Painting
und zu informeller Kunst (etwa von Jackson Pollock, Karl Otto
Götz und K. R. H. Sonderborg, die übrigens ganz ähnlich mit
minimalen Schema-Vorgaben und blitzschneller ›Füllung‹
arbeiteten) nicht falsch. Und: Das Interesse von Größen der
E-Musik wie Pierre Boulez, Kent Nagano und dem Ensemble
Modern kommt nicht von ungefähr; schon mehrfach wurde in
Hamburg unter der Ägide von Sebastian Knauer (nicht dem
Pianisten, sondern dem Fotoreporter, der das berühmte Bild
vom toten Uwe Barschel in der Badewanne schoss) versucht,
Zappa und Johann Sebastian Bach zusammenzuführen. Ir-
gendetwas muss auch an der Orchestermusik dran sein.

An Zappas Kompositionen für das Synclavier, reine Com-
putermusik, scheiden sich die Geister, *Jazz From Hell* wurde
aber 1988 mit einem Grammy bedacht. Es ist außerordentlich
schwierig, zu dieser Musik überhaupt etwas Seriöses zu sagen,
daher nur kurze Stichproben: »Night School«, die Eröffnung
des Albums, ist noch sehr harmonisch geformt, hat sogar
hymnischen Charakter, bewegt sich aber im lydischen Modus,
der über die Dreiklangharmonik hinausgeht. Zappa setzt hier,
typisch für das gesamte Album, statt Melodien zwei harmonische Flächen in C-Dur und Fis-Dur, also wieder einmal wei-
testmöglich auseinanderliegend.

»Beltway Bandits« dagegen exekutiert eine konstante, harte
Rhythmik und mutet verblüffend funky an; die Schlagzeug-
spuren (wohlgemerkt: synthetisch erzeugt!) wirken noch stark
von Terry Bozzios Spiel inspiriert, sehr expressiv und variabel.
»Bandits« besteht wesentlich aus einem Synthesizer-Solo, das

den Klang von elektronischer Klarinette mit einem darunter-liegenden, dunklen Orgelsound auf befremdliche Art koppelt. Das Solo selbst ist durchkonstruiert und ereignet sich über der Alternanz großer und kleiner Intervalle; hier folgt immer wieder Terz auf Halbtonschritt.

Aber was soll das Ganze? Was bringen Variation und Repetition von scharf definierten Grundmustern? Musiker finden Zappas Arbeit am Synclavier häufig interessant, während nicht wenige ›Normalfans‹ mit den Schultern zucken. Projiziert Zappa hier nicht die unabdingbare Kompetenz von Instrumentalisten, spontan Figurationen zu entäußern, die man in ›Exerzitien‹ trainiert, nur auf ein anderes, nicht mehr humanes, sondern nun vollends technisches Medium? Seine motivischen Einfälle/Einflechtungen bleiben natürlich bizarr-zappaesk, das ist Ehrensache. Die Ideen jedoch sind quasi-improvisiert – insofern ergibt sogar der Name des Albums einigen Sinn, klingt sein Titelstück doch wie eine Art Neo-Hardbop mit Walking Bass als futuristisch gewendeter Ornette Coleman. Dass dazu noch das akustische Profil der Neutöner, zu denen sich Zappa ja selbst zählte, karikiert wird, ist dagegen ein ironisches Augenzwinkern, das auch hier zum Pensum zählt.

Und heute?

Man hat Zappa längst in die heiligen Hallen des Rock aufgenommen, allerdings auf Kosten der Kenntnisnahme seines nicht unmittelbar zugänglichen Werks, das allein schon vom Umfang her erschrecken oder zumindest den ›richtigen‹ Einstieg erschweren kann.

Im Berliner Osten, in Düsseldorf und im italienischen Agropoli, südlich von Salerno, gibt es mittlerweile Frank-Zappa-Straßen, in den USA meines Wissens nicht. Ein litauischer Fanclub hat seiner Heimatstadt Baltimore eine Büste beschert, die ihren Platz auf dem Areal einer öffentlichen Bibliothek gefunden hat. Die alljährlich ohne kommerzielles (und leider auch ohne kritisches) Interesse von der Arf Society e. V. in Bad Doberan ausgerichtete »Zappanale« ist rechtens, im Juni 2010 wurde selbst die von Gail Zappa betriebene Revision des lange währenden juristischen Gerangels abgeschmettert.

In den letzten Jahren ist, natürlich vornehmlich im englischsprachigen Raum, eine Menge Literatur erschienen, die sich einzelnen Aspekten und Problemen ertragreich zuwendet, doch eine Frage wird wohl auf immer strittig bleiben: War Frank Zappa ein Genie? Nimmt man die beste Definition, die ich kenne, nämlich diejenige des Soziologen Georg Simmel, dass das Genie könne, was es nicht gelernt habe, war er keins – wie überhaupt die Rede vom Genie in der Musik fragwürdig gerät. Auch Mozart kam nicht als Pianist zur Welt, sondern musste bekanntlich unter der strengen Hand des Vaters üben.

Zappa hat der Rockmusik wie kein Zweiter – nicht die BEATLES der *Sgt.-Pepper's*-Phase, nicht die Art-Rocker der Siebziger und erst recht nicht PINK FLOYD – einen Komplexisierungsschub verordnet, den sie bis heute kaum aufgenommen hat. Musikhistorisch und im Bereich der Ästhetik war er eine Art Brückenbauer, indem er die Errungenschaften der Klassischen Moderne und der historischen Avantgarden auf ein Feld übertrug, in dem der reguläre Beat und das Drei-Akkorde-Schema noch immer den Standard definieren.

Wo stünde Zappa heute? Ganz gewiss schon lange nicht mehr auf der Bühne, wahrscheinlicher wäre eine Honorarprofessur, wenn nicht in der Heimat, so doch in Italien, Frankreich oder Deutschland, wo er endlich Raum hätte, seine harten Nüsse für die Nachwelt auch zu diskutieren, denn natürlich war, wofür allein die Archivarbeit der späten Jahre einsteht, eine Art ›Vermächtnis‹ intendiert. Je länger ich Zappa höre und über ihn nachdenke, desto größer erscheint er mir, jedoch gerade *nicht* als Genie, sondern als unermüdlicher Arbeiter am und im Material. Zappa hat Musik, ästhetisch organisierte Tonfolgen im dreidimensionalen Raum, tiefer ausgelotet als jeder andere in seiner Domäne. Dazu kam aber kein ›Gepose‹, keine stete ›Neuerfindung‹, dergleichen hatte er, als konstant (über)produktives Subjekt, das den Missbrauch der Bühne für

Kostümfeste, Gymnastik und Pyrotechnik zutiefst verachtete, gar nicht nötig. Er beschritt einen kompromisslosen und insofern auch bruchlosen Weg. Man muss ihn nicht lieben, darf ihn unhörbar, abscheulich, krank, wahnsinnig, sexbesessen usw. finden. Doch sollte man dabei nicht aus den Augen verlieren, dass er es – sehr im Gegensatz zur Oberfläche seiner teils infantilen, teils böse treffenden Gags, Obszönitäten und notorisch wegwerfenden Gesten – ernst meinte.

Hatte Zappa eine Botschaft? Höchstens diese: Habt so viel Spaß wie möglich und lasst euch nicht verarschen. Dieses Büchlein widme ich den Fans, die seit Jahr und Tag entlegenes Audio- und Videomaterial aufstöbern und ins Internet stellen, Fotos und alte Interviews ausgraben, Tour-Daten und Setlists rekonstruieren – kurzum, den eigentlichen Forschern.

Lektüretipps

Bernard, Jonathan W.: Listening to Zappa. In: Contemporary Music Review 18/4 (2000) S. 63–103. [Produktionsästhetisch orientiert, recht kritisch über die Orchesterwerke. Lesenswert.]

Borders, James: Form and the Concept Album. Aspects of Modernism in Frank Zappa's Early Releases. In: Perspectives of New Music 39,1 (2001) S. 118–160.

Greenaway, Adam: Zappa the Hard Way. Bedford 2010. [Sehr aufschlussreiche und penibel recherchierte Dokumentation der letzten Tournee 1988, äußerst lesenswert.]

Hentz, Stefan: Frank Zappa. In: Peter Kemper (Hrsg.): Rock-Klassiker. Stuttgart 2003. Bd. 3. S. 1493–1510. [Schneller Überblick.]

Hitzler, Ronald: Collagen eines Schelms. Zum ästhetischen Stil des Francis Vincent Zappa. In: Jazzforschung / Jazz Research 17 (1985) S. 111–133. [Fasst als Soziologe Zappas Werk als »Monumental-Collage« und Abwehrgeste eines parodistischen Satirikers angesichts der sinnentleerten Konsumwelt.]

Ludwig, Wolfgang: Untersuchungen zum musikalischen Schaffen von Frank Zappa. Eine musiksoziologische und -analytische Studie zur Bestimmung eines musikalischen Stils. Frankfurt a. M. / Bern 1992. [Gehaltvolle Doktorarbeit für ein musikwissenschaftliches Fachpublikum.]

Meyer, Ingo: Frank Zappa. Stuttgart 2010. (Reclams Universal-Bibliothek. 18811.)

Miles, Barry: Zappa. Aus dem Amerik. von Thomas Kellner. Berlin ²2005. [Seltsamerweise hasst Miles die Person Zappa und lässt kein gutes Haar an ihr.]

Rebell, Volker: Frank Zappa. Freak-Genius mit Frack-Habitus. In: Jörg Gülden / Klaus Humann (Hrsg.): Rock-Session. Magazin der populären Musik 1. Reinbek b. Hamburg 1977. S. 233–275. [Obwohl über vierzig Jahre alt, eine der gedankenvollsten Arbeiten über Zappa im deutschsprachigen Raum.]

Schröder, Daniel: Der Komponist Frank Zappa. Über die Aktualität der ›Neuen Musik‹. Darmstadt 2012.

Slaven, Neil: Electric Don Quixote. The Definite Story of Frank Zappa. London 1996 [u. ö.]. [Die bessere der beiden aktuellen Biographien; weise Zurückhaltung in der Werkdeutung. Ich ziehe das Original der deutschen Übersetzung vor, die als häufig sinnentstellend gilt.]

Sloots, Kasper: Frank Zappa's Musical Language. A Study of the Music of Frank Zappa. Utrecht ³2007. [Ambitionierte formale Analyse zahlreicher Songs. Nicht ganz fehlerfrei, doch mit Notenbeispielen.]

Schulman, Bruce J.: The Seventies. The Great Shift in American Culture, Society, and Politics. New York 2002.

Wills, Geoff: Zappa and Jazz. Did it Really Smell Funny, Frank? Leicestershire 2015. [Hilfreich, doch nicht mehr als eine Datensammlung.]

Zappa, Frank (mit Peter Occhiogrosso): I am the American Dream. Aus dem Amerik. übers. von Thomas Ziegler. München 1991. [Zappas zweites eigenes Buch, mit dem er sich selbst am meisten geschadet hat.]